Early Treason

叛逆初期

Wu Jui Pao

吳睿保

In Taiwan

作者簡介

吳睿保

（筆名：吳明博、穀禾田、穀莊稼、穀恬憫）

　　我們人的生命是很奇妙的，有些事情不是您想的就可以，往往有些時候，我們會感到彷徨無助，有些時候呢！又會有些許的得意，就在彷徨與得意的同時，我們可能會看到什麼，那是生命的過程，一個階段，一個階段，每個階段都會有不同的體悟，這就是人生。

　　作者童年的時候，心中老是有些想法，而這些想法會一剎那，一剎那的閃過，很難捉取，那時候我就想，如果可以把它寫下來多好，直到少年、青年，步入中年，到快要老年的時候，那些想寫的影像，像排山倒海一樣地浮現，而我只是提筆記錄而已，就這樣，一系列，一系列《法拍屋風暴》、《屏東的小湯姆》、《共生農業》、《歡喜法音流》等，竟然就創作出來了，希望您們喜歡。

　　另外，穀莊稼的共生農業森林農園，有十幾年的耕作經驗，可以輔導您種出好菜，只要您家有空地，或頂樓有全日照的地方，想自己種菜來吃，穀莊稼先生可以幫您規畫，種出好菜來讓您食用。

　　若對共生農業森林耕種有興趣者，請上電子書店，閱讀《共生農業森林種植》免費圖文書。

　　有意者，請寄電子郵件：869548@gmail.com　　與穀莊稼先生洽談

　　穀禾田半農作家工作室的書系，有：
　　《屏東的小湯姆》親子讀本七套，三十冊

《共生農業開講》、《歡喜法音流》陸續書寫中
《法拍屋風暴》醒世小說六本，曾出版過紙本書。

序

　　2013 年 6 月至 8 月期間於本校辦理之「農企經營及精緻農業班」講授有機農業相關課程時認識穀禾田先生，瞭解穀先生極為重視現今農業大量施用農藥等化學藥劑對環境、生態及健康安全造成負面效果的影響，因而他自己開墾管理一個自然生態農場，產品優質安全，可謂利己利人。

　　穀先生也擅長於寫作，其大作「屏東的小湯姆」，內容豐富、筆法率直生動，讓人回憶兒時農家生活的點點滴滴，值得閱讀。經穀先生之邀請，時值該書付梓特為之序。

王鐘和

於中華民國 102 年 8 月 30 日
國立屏東科技大學
農園生產系教授兼系主任
台灣有機農業促進協會副理事長

叛逆初期

屏東的小湯姆五

目次

叛逆初期

阿茂叔

割稻子。

稻子成熟的時候，雲林西螺的阿茂叔會帶很多雲林人，來屏東的繁華村待上一陣子，等到全村稻子收割完成，才離開，再等到稻子插秧的時候，再來幫忙。

雲林來的農夫，他們的打扮和下田穿著的服裝，跟湯姆的爸媽他們不一樣。

湯姆問媽媽：「阿茂叔帶來的阿嬸、阿叔怎麼全身

叛逆初期

上下包得密不透風，頭上戴的斗笠也和我們戴的樣式，有點不同呢？他們男男女女綁小腿，綑紮的顏色，每個人都有不同的花樣，花花綠綠的，好像山上的原住民慶豐收的時候，所穿的衣服色彩鮮豔一樣，只是原住民的服裝看起來比較華麗，阿茂叔他們看起來比較土氣，好像俗擱有力。」

「猴仔！這麼會觀察，沒代誌做，站在這兒評頭論足。」

「來啦！幫媽媽把竹筍湯飯弄好，把肉粽一串串吊好，中午用餐可以讓他們搭配著吃。」

在地上，把布巾鋪好。

「叫阿茂叔他們休息了，吃完午餐，再割稻子。」

「喔！」

地上的餐具弄好了。

「阿茂叔！阿茂叔！快過來吃飯哦！」

「趕快過來！趁熱吃竹筍鹹粥！」

竹筍鹹粥爆炒蔥頭（分蔥鱗莖）、三層豬肉，加香菇、芹菜，配醬瓜，和媽媽做的小黃瓜、高麗菜、紅白蘿蔔、辣椒做成的泡菜，真好吃。肉粽也是媽媽自己綁的，肉餡放香菇、蝦米、爆豬肉、花生，用糯米包成大粽子，吃起來好有飽足感。

站在樹蔭下，有些蹲著，有些站著，一碗接著一碗，吃得津津有味。

哇！真豐富！吃得很飽。

「湯姆呀！你怎麼這麼厲害？弄得這麼豐盛？叫阿茂叔吃得飽飽的，肚子鼓脹脹的，等一下怎麼割稻子啊？」

吃飯的大人全都笑出來了。

「阿茂叔！你們頭上裹著花花綠綠的頭巾，斗笠也綁著五花八門的彩巾，小腿也一樣，好像我們迎王大拜拜的時候，弄大鼓陣，弄犁頭陣的那些花婆一樣。」

「好不好看呢？湯姆！」

「看起來很有朝氣，又有精神，不過就是有那麼一點俗俗的味道。」

笑！全都笑了。

吃一半飯的，把飯粒噴出來。

有的笑彎腰，互相看對方。

「有聽嘸，湯姆說妳俗擱有力啦！」

「啊！妳咧？」

「妳嘛！俗擱水，美麗擱大方。」

「哈哈！猴路澎！連我也要消遣。」

「湯姆啊！站在蓮霧樹下那位阿嬸有俗擱水嘸？」

「她站三七步吃飯的樣子，很好玩，好像公雞挑逗母雞一樣。」

許多人轉頭過去看那位阿嬸。

叛逆初期

「喂！美麗啊？有聽咄沒？湯姆說妳像性雞母啦！」

媽媽一面收拾碗筷，一面叫著：「來哦！這裡還有肉粽，看誰要吃？自己來，嘜客氣，客氣吃沒。這裡也有一大桶的綠豆湯，喝幾碗甜甜的綠豆湯，幫助消化。」

「下午吃這麼飽！」

「吃飽才有力氣啊！割稻子，彎腰駝背，彎起，彎落，消耗的體力比較快，當然要吃飽一點。來！來！吃呼飽！」

「湯姆！湯姆！等你長大呼阿茂仔做女婿，阿茂很會賺錢，什麼錢都能賺，很厲害。」

「哪有啦！」

抓抓頭。

「擱沒！凍車（卡車）也買了，樓仔厝也嘜起啊！你阿惠真好命，真有眼光，嫁給你這個拼命三郎，透早駛凍車，南北二路收菜、販菜，南部買，中北部賣，割稻咄的時，包工包區，一庄頭割到一庄頭，播稻種阿嘛嘜包，包工包區，做包工頭，做你的某，嘜好命嘛愛好命。」

「那是阿茂打拼來的，早期在我們雲林台西一帶，還不是只是羅漢腳，那咄知影，時機這麼好，不曉得怎麼發的，跑來你們番仔寮，包蕃薯、地瓜、芋頭，到處收購，一區包過一區，光是賺這些蕃薯、芋頭，就讓他賺翻身，做有錢人了，大兒子現在開那輛大凍車，就是這樣賺起來的。」

「攏嘛是他阿惠庇蔭到，娶到這麼一位賢慧又能幹的老婆，幫他打理，裡裡外外，現在菜販收購的事情交給他老婆和兩個兒子管理，一年四季，割稻子賺二季播稻種。我們這些割稻子工人全靠他一個人包辦，才有辦法賺錢呢！沒有阿茂帶我們來，我們怎麼有辦法在屏東，一庄割過一庄啊！」

七嘴八舌的，說個沒完。

阿茂叔似乎很得意，聽到這些對他誇獎的話。

「趁日頭正熱的時候，再休息一下。」

「休什麼息？講話卡快活啦！」

哈！哈！

「湯姆啊！有時間帶你到阿茂叔家騎馬，你們阿茂叔很會打算，最近又買好幾匹馬，準備賺中南部迎神賽會迎王爺神駕的坐騎，到時候，可以帶你到西騾溪底騎馬奔馳。」

「真的嗎？」

「真的啊！」

「阿茂叔！你會讓我騎馬嗎？」

「可以呀！湯姆暑假可以坐我的大卡車，和我兒子一起來。」

叛逆初期

「媽媽！媽媽！我可以去雲林騎馬嗎？」

媽媽彎腰收拾一堆東西，挑起來，先放在那拔仔樹下，等一下要先把這些碗公碗盤，收拾好帶回家。

「你不是坐過他那輛大凍車（卡車）上，去過了嗎？跟著一大堆菜，和玉米、絲瓜、白蘿蔔，睡在一起，一路搖搖晃晃的，睡到他們雲林去嗎？那要一大早就起床，跟著阿茂叔或他兒子到處載菜販或農人收購的菜什貨，載滿才可以一路回到雲林呢！」

「喔！又要睡在車後面，好像豬隻要被載到很遠的地方去賣一樣。」

大家笑！

「來！來！來割稻啊！」

「孩子童言童語，講話真可愛！吃飽飯，和小孩子聊聊天，比休息還要快恢復疲勞。」

阿茂叔走向稻田，向湯姆叫一聲：「萬順啊！記得以後有空，要來騎馬哦！」

「喔！」

那是阿茂叔給湯姆取的名字，叫萬順。

割稻子

　　他們一夥人陸陸續續走向稻田，前面一隊排成一排，像學生排隊做體操時一樣，間隔一段距離，整齊畫一的彎上、彎下，此起彼落，手拿著鐮刀，割一把一把的稻穗在手中，然後很俐落地放在身後，形成一排排，像黃金一般地堆放成一堆一堆。收割完稻田，後面幾位大人另拉著一台腳踏機器，重重地拖過高低不平的稻

叛逆初期

田，從這一區拖過那一區。

每個人手中抱一大把稻子，走到機器那裡時，腳不停地踏著踏板，機器裡面有一個大鐵滾筒，滾筒上面布滿類似鋼釘一樣，又尖又密的釘子，滾筒轉來轉去，就像滾輪一樣，稻子放進去，被滾銅碾來碾去，手中的稻子好像被飢餓的大野狼，一口一口吃光光似的。放下去再拿起來，手中拿著那一大把的稻穗顆粒，統統不見了，掉光光，只剩下稻草而已。

他們迅速地放在一邊，又去抱一大把稻子來給機器碾來碾去，這樣周而復始地，一個接一個踩踏個不停。

站在遠一點的距離，看他們在稻田裡工作的情形，好像歌舞團表演的舞者一樣，在露天的舞台上演戲一般。每位演員都很賣力的，扮演他們的角色，那副專注的情景，真是感動。

湯姆站在遠遠的地方，看這些大叔大嬸們這樣賣力的工作，他們一點兒也不埋怨，樂觀開朗，快快活活，又唱又喊，揮汗如雨，認真地收割。

爸爸和媽媽在機器後面，從裡面挖出一畚箕、一畚箕的稻粒，拿到風鼓前，去把稻粒和雜草碎葉子篩分開來。

「湯姆！你來搖風鼓。」

「好！」

「不夠高的話，去拿一把板凳來墊著。」

「嗯！」

兩手拼命地轉動風鼓，裡面的鼓輪會吹出風，像扇子葉片一樣。

湯姆搖得越快，風吹得越大，爸爸媽媽輪流把一畚箕、一畚箕的稻子，從上面有個漏斗型的凹槽放進去，稻米粒從小漏洞口慢慢吸入，好像玩沙子一樣，捧在手掌心上，一坨一坨往下陷處流掉，進入下面的大槽裡，金色一粒一粒的稻子，那是農家子弟辛辛苦苦，經過多少個日曬，多少個雨淋，多少個數也數不完，由爸爸媽媽犁田拔雜草，跪在小小的稻苗中，把一把一把雜草除掉。

這一大片的稻田是由許許多多的人努力耕耘，才有今天的豐收，這種辛苦播種的方式，在人類社會已經進行了千百年，直到湯姆看到犁田的工具和秦始皇時代一樣，沒發生多少變化，仍然是一片鐵片放在犁頭上，做成尖尖的，像一座山的形狀，由一條牛在前面拉著，把泥土犁開來。

一大塊的土堆，犁成一條條，一片片，一坨坨的泥土，然後用水灌溉，把它淹滿，接著再把泥土碾鬆軟了，隨後牛隻在前面，爸爸手提著大耙斗，在水田裡，繞來繞去，泥土就變成爛泥巴，就像小孩子在玩泥巴一樣，在手中把玩，把它捏糊捏碎捏爛，捏得稀巴爛。越糊越

叛逆初期

爛，爸爸手中的大耙斗，才有辦法套上大塊的木塊板，把爛泥土從高處載到凹凸不平的地方，把整塊田整平。

當大木板塊把爛泥土載到低窪地時，牛隻像大力士一樣，慢條斯理的，一步一步在水田裡拉動後方的土堆，爸爸手中的大塊板壓深，爛泥土就載得多。牛吃力的，使不上力，有時候前腳會跪下來，好像要跌倒一樣，還沒跪到，一鞭子就打過來了，身上感到一陣疼痛，後腿隨即快速震動一下，向下蹲，猛使力，一下子，瞬間使上力，一股勁兒，馬上把後面的大土堆拉動了，這一鞭的作用比動力馬達還要有用，難怪農人手中都會拿一條鞭子，好似老師手中拿一根藤條或棍子，同學就會乖乖一樣。

湯姆想像著牛被這一鞭抽下去時，好像身體也被抽打一般地疼痛，真可怕！老師會不會像爸爸一樣，簡直就把我們當牛一樣來管理呢？還好湯姆不是很會念書的，老師要求沒那麼嚴格，會念書的，考試考不好，被打的才厲害呢！

「湯姆！你風鼓搖到哪裡去了？還在做白日夢啊！要搬到下一塊田去了，你還在搖喔！」

跳下來。

割稻子時，田裡真熱鬧，大人小孩個個忙個不停，還有幾位原住民跟在風鼓後面撿拾，媽媽篩過不要的，原住民會撿起來，重新篩一次。

　　湯姆很頑皮，有時候故意放一坨稻子在裡面，不讓原住民知道，原住民篩完幾堆之後，個個笑容滿面，頭頂著豐收物，嘰哩咕嚕，嚼著檳榔，一路走回去了。

　　稻子割完之後，過一陣子，媽媽和爸爸會帶著親戚或左鄰右舍彼此借工，互相幫忙，今天我幫你做幾天農務，改天我有需要你再來幫我做還幾天的農務。農人就是這樣互相幫忙，才能夠把一整年的農事做好。

　　稻子收割完就種黃豆，把黃豆粒、紅豆、花豆或是玉米的種子，用小鏟子把收割完的稻子檔底下，挖開一小堆泥土，放幾粒大豆進去，過幾天豆苗冒出芽，整區的農田看起來又生機盎然，生命就在田野裡演序。

　　每當這個時候，湯姆會感到大自然所賜予的力量，竟然這麼神奇，在這片稻田中演化。

　　湯姆知道這些黃豆苗、紅豆苗、花豆苗、玉米苗，躲在撒滿稻草鋪蓋的下面，會有許多青蛙、昆蟲，地底下還有萬頭鑽動的蚯蚓，日日夜夜在田裡面穿梭，把泥土的養分翻攪又翻攪，透過它們的食道消化了泥土，等它們把大便拉出來時，就是最好的養分，這樣子豆苗就會長得更快，更健康。

　　大豆收成可以做成豆腐、豆乾、豆漿及豬吃的飼料，農作物、果樹用的肥料。紅豆的用途更廣，大人小孩最愛吃的紅龜粿、紅豆餡、紅豆餅、紅豆饅頭、紅豆

叛逆初期

湯、紅豆冰棒。

　　媽媽每年總會種幾區的紅豆來收成，有時候沒錢買鴿子的飼料，拿紅豆、花生、玉米、稻子、綠豆去餵鴿子。

　　媽媽會說：「『討祭（浪費食物）』，餵餵那些鴿子有什麼用？整天放著在天空飛，真搞不懂你們這小孩怎麼這麼喜歡養鳥。湯姆啊！你不要一天到晚和你那些朋友玩鴿子，哪天你爸爸脾氣來，把你鴿籠裡的鴿子捉來殺光光，我可幫不了你。」

　　「好啦！好啦！媽媽！我們稻田收割完了，要曬稻子，我去耙一耙，好不好？」

　　「趁太陽正大的時候去翻一翻。」

　　「喔！」

　　拿一把平面大耙斗，在大埕的曬穀場來來回回的，把一條一條鋪著像金色地龍一樣的稻子堆，從背面翻到正面，過一陣子，又從正面翻到背面。曬稻子最怕遇到西北雨，西北雨來無影去無踪，明明太陽豔陽高照，忽然間下起一陣大雨，天頂一片黑雲飛來了。

　　「趕快！趕快哦！把稻子堆起來。」

　　全家人總動員，哥哥拿著大板塊往大埕的地方一擺，前面湯姆拉著繩子快速地跑向中央來拉，湯姆拉不動，太重了，爸爸搶過來，扛在肩上，快跑前進，一面拉著繩子，一面把大板子往上推，稻子很快的被眾人堆在大埕中央，堆得高高的，像一座小山丘。

看看天空，烏雲消散了，大太陽又高高掛，日正當中，大埕的水泥地的雨水曬乾了，爸媽又召集家人把稻子從大埕中央一堆堆的，鋪成一條條金黃色的臥龍。

追西北雨、曬稻子、穀物成了農家子弟世世代代，永遠的追憶。

「媽媽！稻子曬乾了。」

「對啊！你阿茂叔等一下帶著測量乾燥計來度量乾溼度，如果可以的話，今天下午就把稻子集中起來，用布袋裝一裝，裝好之後，看今年能不能賣個好價錢。有賣到好價錢，過年才有紅包包給你呀！還有你大哥也要找人來說親了，不趕快存點錢來起厝，會討不到老婆的。我們草厝年年需要翻新，需要用到甘蔗葉，現在種甘蔗價錢不好，種五穀雜糧，小季節的農作物，人力比較消耗。你去學校下課時，記得要早早回來幫爸媽到田裡除草，知道嗎？」

「喔！」

「現在五年級了，不比以前小時候，要懂事，才不會被罵。你看那個阿元多認真，每天上學前，就幫他爸爸把牛、雞、鴨照顧得好好的，放學下課，馬上到田裡幫忙農作。哪像你一天到晚，看不到人，跑得不見人影，連吃飯時間都瘋到三更半夜，還看不到人，哪天你爸爸

叛逆初期

抓狂，找不到人，捉你來修理，我可幫不上忙。湯姆啊！你有沒有聽到？」

「喔！知道啦！媽媽！我這學期暑假要去恆春，找我以前航海訓練時認識的朋友阿國好嗎？」

「你不是要去雲林找阿茂叔，去他家騎馬？怎麼又變成要去恆春了？」

「我同學他姐姐嫁到恆春，邀請我一起去，我想先去恆春，回來之後，再到雲林。」

「我不知道啦！到時候再看你爸爸這一關，你有辦法應付再說吧！」

「噢！還要應付他哦！真討厭！爸爸對我越來越兇了，真不曉得該怎麼辦才好？」

夜逃家

屏科大段兆麟教授提供

「天暗下來了，湯姆怎麼還沒回來？這個小孩最近老是不聽話，常常玩到嘸栽人，回來之後，不好好教訓他一下，我看他會變得天不怕地不怕。」

「這個小孩就是要教訓啦！不教訓，到時候會像沒人養的一樣。」

「才在講而已，你看！晃回家來了。」

「湯姆過來！叫你過來，沒聽到嗎？」

叛逆初期

跑！跑！趕快跑！

哥哥和爸爸在後面追著跑，湯姆嚇得沒命地一直跑，一直跑，哥哥和爸爸聯合起來要捉湯姆。

湯姆嚇壞了，還好沒被捉到，這下慘了，爸爸和哥哥他們兩個人聯合起來，不知道怎麼逃過這個劫難？媽媽這次不曉得能不能幫他從中解救出來，想個辦法來閃過眼前這一關？

先逃家一陣子再說。

在外面晃啊晃！天越來越黑了，肚子又餓，找誰比較好呢？

這時候想找人來幫忙，也不曉得用什麼理由跟人家說：「我肚子餓，想來要點東西吃。」

想一想去大姐夫家，他會不會問：「你為什麼這麼晚了，還在外面？」

萬一讓他知道是逃家，怎麼辦？

這時候去找同學，更慘。

一臉的落魄像，萬一被肯尼或魯比看出來，那不是更糗。

唉！怎麼每次都這樣，爸爸和哥哥他們兩個人要聯手起來對付湯姆，湯姆一點辦法也沒有。

為什麼爸爸比較疼哥哥？難道只因為他比較會幫他做農事，就比較偏心，對他比較好。真搞不懂！做農事非得拉湯姆去不可，真討厭下田呢！每天蹲在大太陽底下拔草，熱死了，又沒趣，蹲得大腿好酸哦！

最重要的是很枯燥，不想整天被綁著，還是自由自在的，愛怎麼玩，就怎麼玩，比較快活。

每次玩瘋了，高高興興的回來，遇到他們心情好就沒事，還會叫湯姆一起吃飯，如果被爸爸發現沒按照他交代的話去田裡幫忙，回來時，被爸爸想起來，這下子倒楣的事又要來了。爸爸一捉狂，哥哥跟著像著魔似的，兩位大人像龐然大物一樣，一前一後的追趕。

還好跑得快，沒被捉到。

要是當場被捉回去的話，少不了一頓打，一頓罵，又要叫去客廳罰跪，這一跪可是沒完沒了，頭頂端一臉盆的水，雙腿跪在算盤上面。

想到頭皮就發麻。

長大真麻煩！以前讀三、四年級的時候，爸爸和哥哥他們兩個人不會這樣對待湯姆的呀！怎麼升上五年級之後，爸爸常常要求做這個，做那個，連假日也不給個時間，讓湯姆可以像以前一樣快快樂樂的去找同學玩玻璃珠。現在可慘了，連橡皮圈戴在手上被看到，都會被叫去罰站，嚴重一點又要叫去客廳罰跪了，真討厭。

如果現在可以馬上變成大人的話，就不用逃家了，那時候愛去哪裡，就到哪裡，也不用怕他們兩個人了。

可是現在才五年級。

叛逆初期

唉！想著想著，肚子真的餓壞了。

看起來今天非得躲到他們全睡著了，才敢溜回去。

恨不得現在馬上變成深夜，好讓爸爸、哥哥早點睡覺，這樣就可以溜回去灶腳找東西吃了。

不曉得客廳還有沒有米仔麩？

回去再去甕底摸摸看！沒有的話，只好到灶腳找白飯混豬油，拌醬油吃了。

大難臨頭

清牛糞

逃家真慘。

這時候誰的家也去不了。

這一副狼狽像，任誰看了，也知道是被責備的，不敢回家，才這麼落魄的。

一副無家可歸的樣子，才不要被同學看出來呢！

每次遇到這種情形，媽媽常說書要是會念的話，還有理由保護湯姆，偏偏書又念得一蹋糊塗，考試沒一次及格的，每次發成績單，全是滿江紅。成績單滿江紅也就算了，還拿去做風箏，放在天空中飄啊飄！飛啊飛！哥哥向爸爸告狀之後，苦頭就跟著來了。

奇怪！這老爸沒念書，不識字的，怎麼會在意我考得好不好？原來都是他那位寶貝的大兒子在那兒饒舌，說湯姆整天不念書又愛玩，叫他下田，常常跑得不見人影，玩到黑天暗地才回來，飯也沒煮，開水也沒燒，雞鴨牲畜也不照顧，這還得了，越長大越不像樣，每次被責備之後，會很害怕的。

「以後會按照您們的要求好好下田了。」

一直求饒。

「我不敢了啦！爸爸！我不敢了啦！以後我會聽話，好好用功讀書，不讓您生氣。您不要再打了，不要再打了。」

爸爸常常臉上鐵青鐵青的，咬牙瞪眼，似乎打得意猶未盡。媽媽站在旁邊故意讓他使不上力，阻隔木棍打到湯姆。爸爸很識趣的，知道媽媽護著湯姆，棍子抽打了二、三下。

湯姆跪在原地不動，一直哭，一直哭，哭到全身抽搐。

媽媽不說話，站在旁邊，看爸爸離開了客廳。

「拿掃把，把客廳掃一掃。下次你再把他交待的話，當做耳邊風，會有得你受的，還不趕快起來，把地掃一掃。」

哭！哭個不停！拿起掃把，努力把客廳、房間各角落，打掃得很乾淨。走廊、大埕，一路地掃到灶腳，然後故意掃到他們兩個睡覺的房間。

看到爸爸在牛舍裡餵牛，拿著畚箕帶著垃圾，走到堆肥房倒掉，動作盡量讓爸爸看到湯姆有在做事。

倒完垃圾，順手拿起五爪耙，到牛舍幫牛清理糞便。

「爸爸！等一下清好之後，要放幾把稻草餵牛呢？」

「抱一把就好！」

爸爸終於開口說話了。

湯姆知道今晚的處罰到此結束，只要爸爸願意開口，對湯姆說出任何一句話，就表示已經原諒他了。

湯姆很敏銳的，適時表現一副很認真工作的態度，才能化解這次的僵局。

「爸爸明天下課，還需要去割牧草嗎？我們菜園仔那邊，還有好多高大的牧草呢！我去割回來餵牛，好不好？」

不等爸爸回應，一溜煙的，跑到灶腳找東西吃。

每次在最危險的氣氛當中，媽媽總能適時的伸出援手，化解即將引爆的火力。

上次被打，可以順利脫困，這次不曉得會有什麼樣的下場？看他們兩個追人的氣勢這麼強，由此可見，這次惹的麻煩真的很大。

真該死！早知道應該盡早回去，把飯煮好，開水燒一燒，說芋頭園的灌溉水，要利用晚上去堵住大圳水，今天有很多人要用，分不到水量。

這樣說，或許還能化解這幾天看不到人的情緒。

偏偏和人家擠著去看人猿泰山。

誰叫人猿泰山的影集做得那麼精彩。

看到泰山在森林裡，拉著粗大的藤條，盪來跳去，一棵樹盪過一棵樹，每次遇到危險，身邊的猿猴就會出現。

咿咿！呀呀！張大著嘴，比手畫腳，泰山就知道怎麼回事了。

猿猴不是帶泰山到險境去救人，就是搭在泰山的肩膀，跟著去冒險犯難。

森林裡的壞蛋，層出不窮，每次看泰山站在大樹上，對著森林，吼叫發出，哦呼噢呼！超大的吼叫聲，森林所有的野獸，都會跑出來幫泰山解決問題。

影片一集比一集精彩好看！

等看完了，回過頭，鑽出人家家裡，天已經暗了，才想到這下糟了，這麼晚，爸爸交代去堵灌溉水的事，沒有去做，一路緊張的不知所措。

叛逆初期

電視機太有魔力了，明明知道不能看太久，看太久，著迷了會誤事，但還是拒絕不了誘惑，不知不覺就走到有電視機的人家裡了，真慘！

不知道爸爸現在就寢了沒？

先走回家，看客廳有沒有亮燈？希望已經熄燈了。

希望爸爸趕快去睡覺，至少讓湯姆熬到明天早上，過了一夜之後，老天爺發發慈悲，讓湯姆老爸的氣早早消化掉，期待明天一早平安無事。

躺在媽媽的懷裡睡著了。

媽媽故意不出聲，知道湯姆今晚流浪了一夜，已經累壞了。

躺在媽媽身邊最有安全感了，只要能鑽進被窩裡睡覺，和媽媽睡在一起，都可以安然入眠。

除非遇到星期日不用上課，睡過頭了，媽媽不在身邊，睡到日頭曬屁股，還沒起床，那老爸來拉腳跟，硬拖硬拉扯的，像拖一條死狗一樣，然後把棉被掀起，整個人受到驚嚇，揉著睡眼惺忪的眼睛，還來不及反應，又一手抓住腳跟拉過去，真恐怖，比人猿泰山被壞人設陷阱弄傷，還要恐怖。

湯姆不知道這老爸什麼時候開始對他用這種方法來溝通的？

以前不會這樣的啊！怎麼湯姆升上五年級之後，差別會這麼大。

「湯姆！湯姆！起床了。趕快去街上撿撿牛糞，萬一你爸爸一早起來找你，那就糟了。」

「哦！媽媽！客廳的甕底還有米仔麩糕嗎？」

「你現在都已經大難臨頭了，還有心情問有沒有米仔麩糕？趕快起床。」

去客廳看看。

哦！還好還有一堆，拿一塊來吃。

帶著畚箕、鋤頭撿牛糞，現在最好先到牛舍那裡看看，昨天晚上，牛有沒有大便？先裝一坨，拿到外面，等一下爸爸睡醒，讓他看到我一大早就去撿了一大畚箕的牛糞。

清晨五點多，街上沒人，還好有準備一大畚箕的牛糞。

整條大街看不到半個人牽牛出來。

有點睏呢！

真慘！今天這關不曉得過不過得了？

早知道昨天晚上乾脆被捉回去，大不了一頓痛打，過了一夜就沒事了，熬到現在，渾身發抖，擔驚受怕的。反正被打，是經常的事，五年級的導師也要打，回家哥哥、爸爸交代一堆事，做不到也要打。

大人的世界真恐怖，什麼事情做不好，就用打的。

功課寫不好，沒繳作業也要打，好像我們的手心或

叛逆初期

身體不是肉做的一樣。

　　真搞不懂？天天這樣打，作業還是沒辦法寫完。

　　為什麼夏綠蒂、艾莉絲、凱倫她們可以寫出好作業呢？

　　肯尼、魯比、湯姆這幾個死黨，現在不像以前一樣，天天混在一起。

　　大彼得、山姆、羅伯特和湯姆一樣，也是常常被打得很兇。

那拔仔

　　「湯姆！明天早晨要去摘那拔仔，記得要早點起床哦！」

　　「我知道啦！」

　　「湯姆！湯姆！起床了，趕快穿好衣服喔！去刷牙，等一下到豆漿店吃個早點。」

　　「早安！要吃什麼？」

　　「熱包子、饅頭各一粒，一碗甜豆漿。」

叛逆初期

　　早晨二、三點，就有一大堆人等著喝豆漿，吃早餐了。

　　「湯姆啊！你怎麼這麼早就起來了？」

　　「我要和爸爸去摘番石榴啊！」

　　「哦！」

　　「阿川！你呢？」

　　「我要去挖竹筍呢！」

　　「嗯！明天我可能也要去挖我們家的竹筍呢！」

　　一大早有點霧，坐在爸爸騎的大武腳踏車後座，兩邊放著大竹簍。

　　到田裡時，暗暗的，番石榴樹上結實纍纍的，透過一點點月光、星光，摸索著大小番石榴的形狀，覺得可以摘了，伸手摘下來，拿到眼前看一看，還可以，應該熟了。低下頭轉到另一邊，滿樹的番石榴，抬頭看到頂頭有好幾粒，長得好大粒，拉下來，太高了，搆不到，爬上去捉著樹幹，拉近一點，搆到了。

　　哇！好大粒，連摘一堆，這枝樹幹長得滿多粒的，外圍的枝葉尾端也有番石榴，跳下來摸摸看，找到最大粒的摘下來。

　　吔！看一下，好像還沒熟呢！

　　奇怪！長這麼大粒了，還沒變熟？看起來太青了，放掉，改天再來採收。

　　一下子桶子裝滿了，拿到外面放在大桶子裡，再走到第三棵，從外圍開始摘。

　　陽光漸漸從東方的大武山上探出一點點光線出來了。

　　露水還是滿多的，滴得全身溼答答的，有點冷，縮著脖子，抖抖身體，暖和一下體溫，一滴露水滴到脖子裡，渾身感到一陣涼意，撥開枝葉，仔細搜尋番石榴，這棵生長的果實纍纍，一粒一粒摘下來。

　　哇！又摘滿一桶了。

　　太陽已經爬上來了，晨霧消散，冷風的涼意，忽冷忽熱的，把外套脫掉，鑽到第三排底下，低下頭，看看爸爸、哥哥他們摘到第幾排了？

　　哇！還有那麼多沒摘。

　　真累人呢！還要摘到什麼時候？

　　休息一下。

　　手和脖子好酸哦！

　　把桶子放著，蹲下來，吃一粒番石榴。

　　找找看！有沒有被太陽曬紅的？

　　沒有！這一桶沒有特別好吃的。

　　唉！這一粒長得好奇怪？小小粒的，中間凹一個線條，好像佛手瓜。

　　吃一口。

　　嗯！真脆！又甜又好吃。

叛逆初期

提著桶子，繼續摘，陽光照射到樹梢了，頭有點昏沈沈的，好想睡個覺。

奇怪！爸爸他們不知道會不會累？他們怎麼有辦法天天精神抖擻，一天摘瓠瓜，一天摘番石榴，下一天又要去挖竹筍、摘菜豆、茄子。

真的天天要摘這些東西？

想到就怕，好可怕！天天有摘不完的拔仔、瓠瓜、菜豆、空心菜、青江菜。

雖然湯姆很愛吃這些東西，但是天天一大早，清晨兩點多，就要起床來田裡摘這些該死的拔仔、瓠瓜及其他作物，就頭痛，恨不得窩在被窩裡，好好睡個大頭覺。

蹲下來，看一看。

天啊！還有這麼多排沒摘。

今天可能要摘到太陽完全爬上山頂，照到全身發熱了，才摘得完。

站著打瞌睡，猛然地，又醒過來。

還是提著桶子努力摘吧！搞不好今天價錢賣得好，爸爸一高興，說不定跟他要求去恆春，會答應也有可能呢！

到底是雲林阿茂叔那裡要先去，還是恆春找阿國先去呢？

如果爸爸心情好，跟他說要去找阿茂叔玩，他一定會答應的。因為阿茂叔是我們家世交的朋友，爸爸比較放心讓我去。

可能的話，我想先去恆春找阿國玩。他以前在航海訓練的船上，告訴我許多海底的世界，有多美麗，他要帶我去游泳，游海水吔！還沒游過海洋，一定很刺激。

好！先要求去恆春。

站起來，精神又來了，睡意全消，看著眼前的果樹，又變成可愛的番石榴了。

希望多摘一些讓爸爸賣得到更多錢，這樣子他高興起來，什麼事都好商量。

大人的世界就是這樣的，要看他們高不高興。就像老師看到好學生就很喜歡，看到會念書的，就說這是好學生，不會念書的，統統是壞學生。

會念書也是湯姆想要的啊！可是就是念不來。

奇怪得很，同樣一本書，夏綠蒂可以看得很高興，又看得懂，湯姆卻看不懂，頭腦常常打結，昏昏沈沈的。拿起課本，渾身困乏，比起現在摘番石榴還要沈重。真麻煩！

抬頭看到一粒被太陽曬得紅透透的番石榴，摘下來吃。

這種番石榴最甜了，被太陽照射得紅一半。

湯姆有幾次經驗之後，就知道這種番石榴是箇中極品，只要是熟的，一定很甜。

叛逆初期

摘下來，咬一口。

太陽已照遍大地，日頭開始炎熱了，要趕快想辦法引起爸爸開心。

「爸爸！今天那拔仔（珍珠芭樂）摘好多哦！等一下您要先載一趟去賣，再回來載嗎？」

「今天好像要載兩、三趟才載得完，還有好幾排還沒摘完，你和哥哥留下來繼續摘，我先載去賣給商販。」

「喔！」

轉葉苾

「湯姆！」

爸爸回來了，這麼快啊！

「湯姆啊！叫你哥哥一起過來吃一碗豬肝湯，你們兄弟各一碗，還有肉粽，熱熱的，趕快趁熱吃。」

爸爸很貼心，大清早起來摘那拔仔、絲瓜，挖竹筍，如果時間超過吃早餐的時候，就會從客家庄買早點回來給他們吃。客家庄的肉粽很好吃，又大粒，肉餡又多，

叛逆初期

配上一碗豬肝薑絲熱湯，真的很享受。

在這個時候，吃上一碗可口的熱食，感覺好幸福，好幸福。尤其是一大早起來工作，做到全身疲憊又困又乏的時候，爸爸會適時買給我們補給營養。在吃肉粽，喝豬肝湯的那一剎那，對一大早兩點多被叫來田野，烏漆麻黑，黑天暗地的果園工作的壞情緒，馬上消失得無影無蹤。此時此刻，蹲著或坐在果樹下，享受著天下美味的大餐，那種感覺真舒服。

如果爸爸當天賣得好價錢，會順便塞一點錢獎賞湯姆呢！

「湯姆！這五塊錢你留著。」

「喔！謝謝爸爸！爸爸明天還要採收那拔仔，還是竹筍？」

「先摘今天那些還沒摘完的那拔仔。等一下摘完回家後，休息一下子，你再來把那些那拔仔葉芯，還有瓠仔葉芯除掉，把那些長得太長的葉芯摘掉，這樣可以阻止瓠仔藤虛長，瓠仔粒才會結得碩大，那拔仔粒會長得比較快。」

「那絲瓜芯要不要一起摘掉呢？」

「如果一早上，你做得完，就一起摘掉啊！」

「早上可能摘不完的，我們那拔仔摘完，回去都已經八、九點了。」

「湯姆啊！下午要早早出門下田，不要像上次一樣，錢拿到了，又跑得不見人影。」

抓抓頭。

「不會啦！爸爸！我想下星期去找阿茂叔，好嗎？他來幫我們割稻子的時候，有邀請我，叫我暑假去他家玩，下個禮拜我們就放暑假了。」

「到時候再說啦！還有這麼多天。田裡的工作還有一堆沒做呢！那拔仔的葉芯也要轉。瓠仔芯、絲瓜芯長得很快，這些蔬菜果樹植物不好好照顧，任由它們拼命地生長，不容易開花結果，要常常轉芯，除掉葉芯，才會使它們的果子比較快成長，而且還要把多餘的果粒摘掉。每一節、每一串除掉小粒的，留下最好看，最大粒的果子，讓它生長，這樣子它才有辦法長得好，長得大。果子長得大大粒的，賣相好，價錢才會賣得高，消費者都喜歡買品質好的。我們種蔬果的，就要把最好、最棒的賣給他們，所以要維持好品質，就必須努力維護這些果樹。」

「嗯！」

被潑了冷水之後，心情又開始低落了，想到這一大片的瓠仔、絲瓜，還有那拔仔。

天啊！還有竹筍田，又要摘地瓜葉回去餵豬，還有空心菜、青江菜，又要除草，又要割牧草餵牛，想到這些的農事，頭就痛，全身發麻。拿這五塊錢的代價，吃

叛逆初期

早餐的幸福感全消失了，消失得無影無踪，看到眼前這一大片綠色的果菜，渾身害怕得顫抖不已。

天啊！要做到什麼時候？

真羨慕那些沒有農田的同學。

隔壁班的阿才，還有那個死阿發、胖阿呆，他們常常帶著弟弟妹妹在學校玩盪秋千、跳房子，玩到太陽下山也沒關係。

他們的爸媽只會在大街上，大聲地嚷叫：「阿發啊！你把弟妹照顧好沒啊？」

「有啦！阿爸！阿母！月啊！阿珠！良啊！攏佇這啦！」

鼻涕流滿鼻孔，手抬起來用手掌、手背或手臂抹一下，擦得嘴臉全是鼻涕，風吹乾了，留下兩邊嘴上像兩撇鬍子一樣，只是黏黏的，像一頭流膿的黑狗呢！他們的弟弟妹妹都不會擤鼻涕，每次都把臉上弄得髒兮兮的，看起來好恐怖。

胖阿呆，還有那個死阿發，吃飽飯沒事幹，成天只帶著弟弟妹妹全村到處跑，到處玩，看到他們可以自由自在，愛怎麼玩，就怎麼玩，心裡就難過。

為什麼湯姆沒辦法像他們一樣呢？

真討厭！一定是湯姆家裡沒有弟弟妹妹可以帶，爸爸才會一天到晚找他下田工作。

　　有妹妹真好！如果湯姆有弟弟妹妹，是不是也可以像他們一樣，成天只帶弟妹們到處玩就可以了？

　　想到這裡，心情就感到很沮喪，看到這些那拔仔園，想到整個暑假必須耗在這裡工作，全身就發軟，希望阿茂叔能夠適時地出現。或許哪天他跟爸爸聊天的時候，叫他跟爸爸說要帶湯姆去雲林住幾天，爸爸就會答應的。

　　明天摘那拔仔，阿茂叔的兒子會開卡車來載貨，到時候再想辦法跟他兒子說，希望下次摘絲瓜的時候，由阿茂叔來，這樣才有機會去雲林玩。

　　想到這裡，湯姆的精神又來了，伸手摸摸口袋裡的五塊錢，希望無窮，如果有一百塊錢帶在身邊去雲林，就可以買很多好吃的。

　　好！下定決心，好好表現，不再偷懶，只要天天下田幹活兒，總有一天，爸爸的心情總會有一天特別好，到時候再配合阿茂叔一起向爸爸要求，成功的機會很大，就這麼決定了，一定要更努力的把農田裡的工作做好。

　　「爸爸！今天我自己騎腳踏車到田裡。」

　　「香蕉刀記得帶哦！」

　　「有啦！我綁在棍子上了。」

　　拿著棍刀用力地把前面這一排，爬滿整片田的瓠仔葉芯，就是嫩梢，也就是所謂的龍鬚菜，長出來的葉芯

叛逆初期

砍掉。好像看武俠電影裡的俠客，拿著一把刀，一刀劈過去，人頭落地。每個葉芯就像壞人的人頭一樣，一路的砍殺，跳過來跳過去，低頭尋找葉芯，腳下有葉芯，左邊好幾個葉芯，右邊也是，前面更多，哇！後面也有好幾個葉芯，回頭看看，天啊！還有好幾個葉芯沒砍到的，跳回去，砍啊！差一點踩到花瓠仔。

腳下都是大粒大粒的花瓠仔，這是明天要採收的呢！

葉子長得太茂盛了，要小心一點，不能砍葉芯，砍到花瓠仔粒，這一壠砍完了，砍下一壠，哇！砍得好累哦！

要不要去摘一粒木瓜來吃呢？

好！先去找找看有沒有熟的木瓜？看到了，這麼高，拿一根長棍子來摘。

捅！捅！哇！掉下來了。

哇！落在地上，摔破幾粒了，撿起來，還好沒有髒掉。

哇！木瓜裡面的果肉有好多種籽哦！這粒很甜又大粒，吃了好幾粒，好飽哦！

走到那拔仔園，先坐下來休息一下。

太陽好大哦！熱死了，如果下午可以去游泳的話，多好。

　　想想還有這一大片還沒砍，萬一吃完飯跑去游泳，游到爽了，萬一爽過頭了，不想離開圳水，泡在大圳裡，享受著泡水的快感，泡著泡著，可能太陽又要下山了，冒出水面，才知道，哇！又玩過頭了，這下慘了，回去一定穩死的，不是被罵，就是被打，爸爸的臉色一定鐵青鐵青，像青面獠牙一樣，狠狠地瞪著湯姆：「叫你去轉葉芯，你不去，跑到大圳游泳，你膽子越玩越大了，你工作都做不完了，還有心情去游泳，你還沒長大呀？還是三歲小孩嗎？」

　　一面罵，棍子一面打下來。

　　好痛哦！

　　「爸爸！我不敢了啦！我不敢了啦！我下次一定會乖乖的去轉葉芯啦！」

　　「講多少次了，你皮在癢是不是？怎麼打，都打不怕，每次都說不敢了，叫你做的事，老是丟在一旁，跑出去瘋了，有膽瘋，就要有擔當被打呀！書也不會讀，田裡的工作也不想做，整天趴趴走，走到三更半夜嘸看人，這次不把你打死才怪。」

　　「不敢啦！不敢啦！」

　　用手擋，被棍子打到痛得要命，屁股上猛打，站起來又叫又跳，躲到客廳的桌子底下，被拖出來。

　　「跪著！看你往哪兒跑？還敢躲在桌子底下呢！再躲啊！再躲啊！教也教不會，要怎麼打，你才會乖？」

叛逆初期

哭！哭！又是哭！哭得很傷心，哭得很後悔。

下次真的不敢了。

湯姆想到這裡，心裡就顫抖了一下，渾身起雞皮疙瘩。

算了！算了！還是認命一點吧！

吃飽飯，休息一下，還是老老實實、乖乖地到田裡打這些綠色敵人，一個一個砍掉，終有一天，可以把它們消滅的。

想想，精神好像舒暢多了。

就這麼決定了，下午早一點出門，帶著這把大刀去砍敵人，其實是帶一把小小的香蕉刀而已啦！

閒漢翻身

雲林行

「湯姆！湯姆！你的救星來了。」

「阿茂叔嗎？」

「湯姆啊！你今天早上摘多少花瓠仔、菜瓜來賣？」

「阿茂叔！摘很多呢！早上三、四點就起床了，好累哦！這個禮拜天天去摘這些蔬果，眼睛都有黑眼圈了。好睏哦！睡眠不足，希望今天可以不用工作。」

「趕快去休息一下。等一下我跟你爸爸說等我貨裝好了，再帶你一起去雲林。」

「真的嗎？」

「真的呀！」

「別擔心！我出面向你爸爸說一聲，沒問題啦！」

「那我去準備幾套衣服。」

「你不是很睏嗎？」

「不會了啦！」

「媽媽！我要穿短褲，那件卡其褲在哪裡啊？」

「找找看呀！」

床邊，找不到，去衣櫃裡翻翻看。

「有沒有看到？」

「有！還有水壺也要帶著。」

「湯姆啊！你是要搬家不是？帶那麼多東西。」

「沒有啊！只有幾件我愛穿的衣服而已。」

「趕快啦！去幫你阿茂叔裝貨。」

「爸爸！我要去一個禮拜哦！」

爸爸點點頭不答話。

「拿繩子來綁好這幾箱瓠仔，還有那一邊別人載來的絲瓜、胡瓜、小黃瓜、幾籠的玉米，統統幫你阿茂叔裝載好，挑上貨車。」

「阿茂叔！今天我坐哪裡呢？」

「坐前座，和我坐在前面，今天慶生開車。」

叛逆初期

　　路途遙遠，一路上，睡到西螺鎮。

　　「哇！快十二點了吔！」

　　七點出發，開了五個多小時，沿路在高雄、台南載了一些貨上來。

　　「阿惠啊！湯姆來了。湯姆！你先下車，和阿嬤先到家裡吃飯，我和慶生去各市場卸完貨再回來。」

　　「喔！」

　　「阿嬤！」

　　「湯姆嗎？你很久沒來了，你三年級的時候來過，還記得嗎？」

　　「記得！那時阿茂叔都叫我萬順啊！吔！奇怪！我記得房子不是這樣啊？」

　　「湯姆記性很好，還看得出來，以前是在老家台西鄉那裡，比較鄉下，現在你阿茂叔生意做得比較大，做大盤商，常常要把你們屏東、高雄、台南載回來的貨物批發給彰化、雲林、嘉義各市場的商販，所以才搬來西螺這裡，比較方便。」

　　「慧英啊！出來啦！來帶湯姆到房間啊！」

　　「湯姆！你還是沒長大，還是這麼小。」

　　「慧英！不要笑，湯姆他會不好意思。東西放著，一起來吃飯。等一下你阿茂叔回來，再帶你去溪底看馬。」

「喔！」

「吃飯！吃飯！坐了一上午的車，一定很累，吃飽飯，先睡一下。」

「湯姆！起來了嗎？」

「喔！阿叔！我睡醒了，馬上來。」

「要穿長褲喔！等一下阿茂叔載你去馬場騎馬。」

「好！」

「爸爸！我也要去。」

「慧如也要去，那跟湯姆坐在一起。」

坐上鈴木機車。

「慧如坐中間，湯姆抱好慧如哦！」

不好意思呢！抱到慧如的腰部，手不知道要放在哪裡？七上八下的，心臟嘭嘭跳。

奇怪！以前和慧如玩，不會有這種感覺，怎麼這一次心情上下跳個不停，希望趕快到，怪難受的。

和女生在一起，怎麼會有這種感覺？

慧如不曉得會不會也有這種奇妙的感覺？

她抱著阿茂叔抱得好緊，好像一副很幸福的樣子。

「到了！湯姆下來！小心！小心！慢慢來！腳踏好。好了嗎？我要把機車穩好，你們再慢慢的下來喔！」

「好！」

「慶財！這位是誰？你還記得嗎？」

叛逆初期

「湯姆啦！就是以前我們叫他萬順那一位，怎麼沒變呢？還是那麼小，長不大。」

黑狗跑出來，聞一聞湯姆，一直搖著尾巴，前後蹦蹦跳跳的，一下子跑到阿叔身上，爬來趴去，極盡撒嬌之能事，狗嘴巴張得大大的，好像很興奮的樣子。

「這隻狗就是『來富』啦！你還記不記得以前牠曾到過你們家，和你家的庫洛在田野，玩得不亦樂乎。」

「哦！我知道了。」

來富身上的黑色毛烏黑亮麗的，很漂亮，身體長，長得像一隻靈巧的狐狸一般，動作靈敏得很。那是台灣土狗，嘴巴短短的，又瘦又結實，尾巴老是翹得高高的，看到陌生人會很機敏的豎起耳朵，警戒著四面八方，在田野遇到田鼠、野兔，一馬當先，奔的，直追得田鼠、野兔無處躲藏，展現牠高超追野兔的實力。

有幾次阿茂叔帶牠到三地門及涼山的台地、鳳梨園的時候，一面追，一面吠，動作很迅速的跳起躍下，將身子伏趴在地上，用前爪拼命地挖，鳳梨園裡的草堆，扒呀扒，又扒又吠的，一隻兔子就被牠咬到，叼在口中，快速地跑到主人身邊。阿茂叔把牠嘴中的兔子拿下來時，就一副很得意的樣子，要主人摸摸頭，搖尾巴，搖得很厲害，然後又高高興興地，吠個不停。

湯姆的庫洛每次和牠比賽誰抓的老鼠、野兔比較快，來富總是衝先鋒，第一個找到獵物的狗。

阿茂叔很喜歡養動物。

戲台後

　　他說以前小時候住在台西鄉下，書讀到國小五年級就休學，沒讀了，去幫人家看牛做長工，也賺不了什麼錢，家裡有四位兄弟，他排行老么，最小的，大哥去讀警校，當警察，二哥、三哥留在家裡種那麼一點點的蒜頭，才幾分地而已。

　　他爸媽說沒錢提供給他讀書，乾脆去做人家的長工好。才十、十一歲，正好和湯姆及他最小的女兒慧如現在一樣的年紀，那麼小，就離開家裡去幫人家工作，只得到一頓飯而已。

十五、六歲就出來闖天下，由於工作不好找，常常碰壁，同年齡的，有的上台北做黑手，或待在工廠裡做工。

阿茂叔說他是鄉下的小孩，天天和大自然接觸慣了，不喜歡被關在工廠裡，做黑手也學不來，留在故鄉靠海邊，又不會捕魚，看到大海，頭就大，人家在岸邊種牡蠣，他也不感興趣。

所以有一段很長的時間，他常常無所事事，在家鄉閒逛。

鄉下人就怕被人說閒話，由於說到某某人家的誰，「噯吃不討趁」，「閒閒不做事」，「好吃懶做」，說出這種沒出息的風涼話，做父母的最怕自己養的小孩被人家說成閒漢，不事生產，好吃懶做，這種名聲要被鄉下人認定，那是一種很狠毒的人格誹謗。

有時候，一個人有志氣，被說成這樣的人格，志氣是會被扼殺的。

阿茂叔說他年少時，真的很苦，常常穿著短褲脫鞋，到處遊蕩。

有時候，回家吃一頓飯，好像罪人似的，常常被兄嫂大眼瞪小眼。左右鄰居也都把他看成閒漢，看到就搖

叛逆初期

頭，要不然就是一副很瞧不起他的樣子。他說那時候，真的很喪氣，是還沒到生不如死的地步，但是每天總覺得自己沒有用。

那種被說成閒漢的日子，對他來說，不啻是一種羞辱。

還好當時他養成一種嗜好，就是會去廟會看戲，幫人家搬道具，架戲台。

看到那些歌仔戲演員就在戲台的後面，搭一個竹棚，或在戲台下架成幾片木板，用布圍一圍，竟然也當成一個家庭所在。

阿茂叔說：「我以為演歌仔戲的，只要在舞台上唱唱跳跳，舞弄一些棍棒，化化粧，把臉塗得紅一塊，紫一塊而已，想不到他們隨著舞台的搬移，演到哪裡，全家便住到哪裡。

別看這些演戲的，看似他們沒念什麼書，但中國人的忠孝節義，他們可懂得很。我就常常在後台聽他們講演古代姜子牙的故事。他們說姜子牙貴為周朝的開國軍師，當初剛下山的時候，到當時天子的朝歌求發展，做了許多事，也都一事無成。

挑柴、賣麵粉，被風吹散一地。賣麵時，又被京城的軍馬踐踏一地，麵擔潑灑滿地，麵賣不成，只好空擔回去，又被他老婆罵沒出息，只好在家編笊籬來賣，沒想到編了半天，竟然連一個也賣不掉。做什麼事都無法成功，索性向人借貸開酒肉店，沒想到酒肉店遇到天氣熱，也沒半個人影來捧場，還被酷暑的天氣一曬，酒肉全發酵臭掉了，酒也酸了。一事無成又重演，怕回家老婆又要罵他沒出息了，正擔心時，朋友再借給他錢，叫他去買豬、牛、羊這些活的動物，不會壞掉，可以趕到市集去賣。沒想到遇到紂王失政殘害生靈，有人獻計給紂王，叫天下百姓不准買活體動物，要祈禱上天降雨，解除乾旱，偏偏姜子牙不曉得這條法令剛發布下來，趕到京城裡去賣，被官軍看到，要把他捉去，姜子牙看時機不對，丟棄這些牛、豬、羊，慌慌張張的，逃命要緊，又跑回家中，老婆在家白眼，說他成事不足，敗事有餘，一敗塗地，簡直就是沒有用嘛！做什麼事都做不好。

直到有一天去街上，排卜卦算命，算到一位當官的，算準了他的運勢，又遇到一位擔柴的，在他門前來找他算命，一算便準，說他柴擔到哪裡，有人會跟他買柴，又會請他喝酒吃點心。賣柴的不信，說他賣柴二十幾年還沒遇到這等好的事情。這麼背的人生，怎麼可能會遇到這麼好的事情？只好半信半疑的，聽姜子牙的話，照著去做，果然讓他遇到貴人，而且遇到的事情和姜子牙說的一點也不差。

有了幾次算命算準之後，名聲大噪，京城裡的人紛紛來找他算命。名聲傳到紂王的宮廷裡，那個昏庸的皇

叛逆初期

帝正在宮殿裡享受眾妖精美女的誘惑。有一天，皇宮裡鬧出妖精做怪，眾臣無法排解時，有一位大臣建議去找姜子牙來宮殿作法，捉拿妖精，在紂王前面施展法術，將妖精制伏，受到紂王的重用，沒想到他所制伏的妖精是紂王的愛妃妲己的姐妹。姜子牙一時受到紂王的重用，引起妲己的忌恨，設計姜子牙監造鹿台，取悅紂王。姜子牙算來算去，這分明是妲己設計要來陷害於他，光看這張圖要造鹿台，非得浩大工程不可，非三、五十年無法完成，又要二十、三十萬百姓來勞役，心想大難臨頭就在眼前，只好棄官逃跑。

人家是求官做，他是逃官當難民，你說他老婆哪有不生氣的？

他跟老婆說他當發的時機，是在他八十歲的時候，現在他已經七十歲了，還有十年就會開運，叫她忍耐，等待他到那時候再施展運勢，沒想到他老婆受不了了，要求離婚。姜子牙一再地向他老婆請求她不要離開，最後還是順著她的請求，讓她去了。沒想到過了十幾年，周朝興起，武王當了天子，當朝的宰相就是姜子牙，他老婆改嫁一位京城的人，聽到這個消息受不了刺激，竟然上吊自殺了。

還有戰國時代，蘇秦和張儀一起到鬼谷子那裡學習學問，之後蘇秦先回到家鄉做了許多事，一直很不如意，家人親戚也都瞧不起他，甚至連一頓飯也不給他吃，簡直是把他趕出門了，直到他當上齊國的宰相，邀請家人來朝同享富貴，這些親戚家人才感到有一點羞愧。張儀的處境一開始也好不到哪裡去，但是他老婆一路支持他，使他無後顧之憂，去各國遊說，發揮當代連橫的外交才能，也當上宰相職位。

這些故事聽得我在當時那麼小的年紀，已經造成很大的震撼，他們說姜子牙和張儀、蘇秦都是兩、三千年前的古人了，但聽起來他們的遭遇好像跟我一樣，使我感同身受、同病相憐呢！他們拿古本給我看，我看不懂那麼多字。他們告訴我，他們演歌仔戲也沒有念很多書，為了演戲，看書看不懂的也要看，他們書本拿起來拼命地看，有些字或有些句子不懂的地方，慢慢看，前一句接後一句，慢慢地看，看久了，自然會懂得書中的道理，看懂道理之後，對書中的情節就會產生興趣，有時候看到很精彩的部分，都會雀躍不已，書中的故事可以講述這麼多古人的故事，我們演的人物都是這些古代人，而這些古代人的性格情緒精神所在，也都需要透過書本來認識，總不能一直叫老師陪在身邊，一面教，一面演啊！楊麗花那麼出名，她也沒受多少教育。

未必讀到大學才能做事，某些時候我們是需要靠自己自我教育，才能完成自我成長的。像劉邦還沒當皇帝之前，也是被他們家鄉的人說成閒漢，甚至於他帶朋友

叛逆初期

去他大嫂家想要吃一頓飯，還被他大嫂敲鍋底，弄得鏗鏘鏗鏘，讓他在朋友面前丟面子，這種場面劉邦都不以為意。他雖然被家鄉人說成閒漢，連父親也在嫌他好吃懶做，但是一位會做大事的人，不會去在意眼前的失意，他會等待時機，有好機會再來展現他的才華。結果他當了漢朝的皇帝，去迎接他父親入朝時，偷偷地告訴他老爸，說以前你常常說我不如前幾位大哥，不務正業，沒辦法把家產擴大，如今他富甲天下，偌大的江山子民全屬於他所管轄。他父親聽了之後，不敢吭聲。

這就是人生。

人生的舞台從上古到現在，人都一樣愛講是非，不愛惜情義，愛說人家的是是非非，遇到自己被人家瞧不起的時候，才知道這些閒言閒語的可怕。

我當時在那裡幫他們搭戲台，搬戲棚，聽他們說了許多故事，才知道人也要自我教育。之前，我根本不知道什麼叫做自我成長？自我教育叫什麼？聽他們說了之後，才知道念書不見得一定要在學校念，出社會做工，當歌仔戲的演員，也可以自我教育成長，像楊麗花就是他們演歌仔戲最好的榜樣。他們常常談起楊麗花的奮鬥史呢！從那以後，我也試著找古本來讀，遇到不會的，我就慢慢看，慢慢讀，然後會停下來想一想，這一句話或這一段句子很有意思，雖然不太懂它高深的涵意，但我會去思考它的內容。過一陣子，再回來看這段的文章時，又會有不同的體會。

回到家鄉，村子裡的人再說我是閒漢時，我已經不怕了，因為我腦中有一些他們不懂的知識，就是我懂得比他們多。像朱元璋、劉備、關公、張飛、趙子雲、魏延、文醜、文聘、曹操、孫權，甚至連水滸傳那些人物，我也知道了。宋江、晁蓋，打虎英雄武松、黑旋風李逵、花和尚魯智深、智多星吳用，這些人物就是我的朋友。

只要我有一點不如意，就拿起書本來翻一翻，和這些書中的古人對話，總比在那個青澀的年代，一方面成長，一方面對抗四周圍排山倒海而來的閒言閒語好。相信總有一天，我也可以做出一番事業。

至少現在不怕聽到這些閒話了，因為我知道我比他們懂得做人的道理。他們講這些是是非非的閒話，在二、三千年前古代的人就已經在談了，到現今人類仍然一樣喜歡看熱鬧，說長道短，指責別人容易，教育自己就不是那麼容易了，因為他們不喜歡看書，也不知道怎麼去看有用的書，只知道成天枯坐街坊鄰舍，嘴巴動個不停，從早到晚，不是罵小孩，就是罵老公，要不然就是評論人家短，人家長，這些是是非非的閒談，是沒有用的。

以前我很害怕聽到他們說這些是非，現在我不怕了，因為我有讀到許多書及一些佛書，什麼唯識、空觀、

叛逆初期

〔俱舍論〕、〔金剛經〕、〔六祖壇經〕，也去佛寺聽法師講經說法，法師教我們要觀照自己的起心動念，剛開始我不懂什麼叫做起心動念，我們每天都會有許多想法，每一個念頭都會牽動我們的身心，甚至影響到生活。有正念就會有健康的人生觀，但我們一般沒有修身養性的人，邪念會比較多，聽到人家講幾句是是非非，自己定力不夠，沒有觀照自己內心的功力，就會隨著人云亦云，是非常搞不清楚，自己沒有見識，就容易隨境轉了，所以懂得佛法，對人生是很有幫助的。

我聽一位法師說，〔俱舍論〕有講到世界的成住壞空，宇宙是怎麼形成的，也有講到人世間及他方世界，講得很仔細，讓我聽到了這麼有用的佛法之後，我就覺得他們講這些是非閒語，已經對我不起作用了。」

〔俱舍論〕是一部很偉大的著作，講到世界的成住壞空，萬物的形成，大至寰宇，小至微塵，包羅萬象，很多今天科學家所探討的問題，在一千多年前世親菩薩就已經講到了。

〔俱舍論〕代表了佛教的世界觀，證明了佛教是講究科學，而絕非迷信的，可惜今天沒有從科學的角度來研究它。講到物質如何一層一層地分裂，一直分裂到量子。如今科學家們有了對撞機，將來或許還能再分下去。

〔俱舍論〕講到世間的情形，也講到他方世界的情形，講得非常細，這部巨著共分八卷，前兩卷講世出世間的共法，即世界觀和人生觀。第三至五卷講六種輪迴之因果，後三卷講如何得到解脫。第五部是〔戒律論〕，作者是功德光，他採取小乘部派中說一切有部的戒律為本，其中分成十七種事情，包括如何受戒，如何得到戒，犯戒以後如何懺悔等等。

賺零工

「從此以後，只要有機會，我就會去幫人家種田、割稻，或拔花生、蒜頭，賺一些零頭的工資。我常在虎尾、土庫、西螺一帶做工，因為這地方的田地比較肥沃，種植蔬菜、五穀雜糧、稻米比較好收成。在我們台西一帶，由於土地比較貧瘠，沒辦法種水稻，只能種些蒜頭、花生一類的作物，只好往外求發展。

　　由於年輕力壯，又肯努力吃苦，什麼苦差事我都挑起來做。

　　在虎尾、土庫做工做到稻田收割完成，或秧苗播種完之後，虎尾、土庫、西螺那裡的人邀請我一起來屏東收割稻田。遇到播種的時候，我也下來屏東做事。你嬸嬸就是你媽媽家鄉屏東鹽埔鄉新圍的人，透過你媽媽說媒介紹，才能娶到你嬸嬸呢！二十幾歲的年輕人，什麼都沒有，你嬸嬸不嫌棄，竟然敢嫁給我，還好在當兵之前，我也存了不少積蓄，退伍回來，又學會做點生意。

　　來屏東種稻子，或收割稻子完之後，怕沒有什麼工作可以做，屏東的朋友建議我買些地瓜來賣，因為地瓜買來可以放個把月，沒賣掉，也不容易壞掉。

　　漸漸地，從小買賣開始做起，直到可以做到整塊田，把人家的地瓜田包下來做批發。從這一地批貨賣到那一地，地瓜田一塊包過一塊，從三、五分地包到三、五甲地，以後連芋頭田也包下來做買賣了。從地瓜、芋頭的買賣當中，賺到了錢，才轉行收購蔬菜瓜果到中部，雲嘉中彰投各地批發。

　　雖然中間也有賠過錢，但是做生意，不是賺就是賠，有賺有賠，做久了，賠本的經驗多了，就知道從中獲取教訓。

　　慢慢地生意做久了，總會上軌道，做什麼會賺，做什麼會賠，也都一清二楚。

叛逆初期

　　賠本的生意做久了，就知道風險的控管，有了風險的控管，之後就會去評估該做什麼生意比較好，什麼生意不好賺。

　　這都要從失敗當中學習的，才能得到寶貴的教訓。像劉邦和項羽，經歷千百場的戰鬥，最終勝利一場決定江山大位，這就是靠最後的堅持，雖然失敗了，但不氣餒，再接再厲，從失敗當中獲取教訓，終有一天，總是可以得到成功的訣竅。

　　以前我剛做蔬果批發時，常常大清早的，從雲林開車到屏東、高雄、台南，沿途收購，賺些批發差價。有時候收購蔬菜，容易腐爛壞掉，也賠了不少錢，經過了一段時間，仔細評估，之後決定不收購蔬菜及葉菜類的，只收購瓜果根莖類，像瓠仔、胡瓜、小黃瓜、苦瓜、絲瓜、冬瓜，這些瓜類比較能久放，而且經長途運載也不容易老掉或黃掉。所以有時候才會請你爸媽幫我收購，收購到一定的數量，我當天再去你家載到雲林、彰化、台中、嘉義、南投去，批發給各市場的菜販去販賣，從中賺取一些差價。直到現在已經好幾年了，你出生的時候，我就去你們家載貨了呢！

　　阿茂叔和你們屏東的淵源，可是深得很。

　　今天能夠有這六位小孩和一個家庭，也感謝屏東的鄉親及朋友們的幫助。

我們做人要有情有義，成功了，要不忘本。

只要你們那裡有人需要工人收割稻子，我都會去召集我們台西人，到你們繁華村或鄰近的村落去幫忙。雖然說是幫忙，但也提供不少工作機會給我們故鄉的人呢！所以你們收割播種時，我都會帶一群人去你們那裡長住一段時間，直到工作告一段落完成任務，再回來雲林照顧我的生意。現在老大慶生已經二十七歲了，老二慶財、老三慶得、老四慶發也都長大了，有些瓜類生意就交給他們去負責，我只有利用些時間養馬，跑跑廟會。等到屏東收割稻子、播稻的時候，再去你們那兒住一陣子。

湯姆啊！我知道你爸爸最近常常打罵你，那是你爸爸怕你不懂事，愛玩成性，怕你變成人們口中的閒漢，好吃懶做，那是做父母最不想聽到的，自己的孩子被說成這樣的話，他才會責備你。像叔叔的父母以前也很難過，老是擔心我在外面找不到滿意的工作，成天在外頭閒逛著。

他們怎麼知道，有許多事情不是靠我們自己可以決定的。

不是說找工作，就可以找到很適合自己興趣的，多少也需要一段時間來摸索，才有辦法決定自己的志向。不會念書沒關係，只要不要失去鬥志，及做人的原則，好好自我教育，自我成長，也可以變成很有用的人。

叛逆初期

　　不要相信學校老師那一套勢利的評斷。

　　不會念書，不一定是個壞小孩，人各有志，長大後會變成什麼也說不定。

　　你看姜太公活到八十歲才出運。我也從不認識佛書古文詩詞，到現在看得懂佛書及古書吸收知識，又懂得盤算計算成本概念。這都是像做生意一樣，一點一滴，慢慢累積起來的。我四個男孩沒一個會念書的，還不是活得好好的，反而是慧英、慧如書念得比她們哥哥還要好呢！」

湯姆在阿茂叔家裡待了十幾天，回家常常跟媽媽說起阿茂叔的故事。

莊稼漢子

阿惠嬸

　　媽媽不會騎腳踏車，去田裡只好用走的，順著鐵軌走到下頭的田去做農務。

　　湯姆和媽媽走在鐵軌的路上，湯姆踏上鐵軌走著，失足跌下來了，再踏上去，走著走著，兩手伸展開來平衡，又失足跌下來了，和媽媽一面走，一面談起阿茂叔的事。

「媽媽！阿茂叔說他老婆是您幫他介紹的哦！」

「嗯！他去你大舅家附近收購瓜類作物，看到阿惠覺得投緣，幾次試著探阿惠的意思，看阿惠也沒有拒絕阿茂對她的好感，經過了一、兩年的來往，雙方父母也都不知道這對年輕人有意思，而且阿茂家又住那麼遠，他知道媽媽的娘家就在阿惠她們家附近，來拜託我去向女方說親呀！那是他們兩人早就有喜愛了，我只是做個方便媒人，是他們有福氣，就可以結成連理，雙方家長也沒有什麼意見，就結婚了。

你的阿茂叔結完婚之後，可打拼得很呢！常常看到他忙到三更半夜，還在綑綁地瓜及芋頭，把收成的一袋一袋，用布袋綑好，用卡車載到外地去賣。

採收地瓜要請很多工人，先採收地瓜葉，地瓜葉的藤長得很長很長，像蛇一樣的藤蔓穿插纏繞，錯綜複雜，採收工要一條一條，一把一把割開來，綁成一小綑一小綑，再綑做一堆，一大綑一大綑的地瓜葉，再用牛車或三輪車載到養豬場去賣掉。

地瓜葉採收完之後，留下光禿禿的地壠，再用牛犁把地瓜粒犁出來。」

「我知道！我知道！」

牛在前面拉著犁頭，牛犁過的地方，土堆會一大坨一大坨翻開來，一串串肥碩的紅地瓜、黃地瓜、白地瓜、紫色的地瓜，攤在土堆上，工人站在後面，一串一串地

叛逆初期

撿。

埋在土堆中的，他們會用腳掌把土堆撥開來，順便用腳趾頭剝一剝，剔一剔犁過的土堆，探探泥土底下，還有沒有地瓜？

徐徐移步，緩慢地撿，很仔細地把土堆所有地瓜撿乾淨。

隨後撿拾地瓜的人會拿一把鐵耙在後面掘，掘人家沒有撿到的。

「我和親家母去撿過好幾次哦！很好玩呢！」

地瓜田的主人種了一大片，讓阿茂叔把整片田全包購下來。有時候一、二甲地或三、五甲地，那要好幾天才犁得完呢！

地瓜採收工人站在最前面，先採收地瓜葉，地瓜葉採收完，另外一批人跟著犁田的人身後撿收地瓜串。一排犁過之後，地瓜田好像盛開的花朵一樣，一片片泥土爆開來，隨即被撿地瓜的人踏平，一些大塊的泥土，被太陽曬乾了，後面的小孩熱鬧地築起一灶一灶的土窯，焢蕃薯。

湯姆最喜歡造土窯，蹲下來，拿甘蔗葉或是乾掉的草及葉子起火燃燒。乾葉子起火之後，塞一把一把木柴進去，怕火苗熄掉了，趴著，嘴對準窯洞口，鼓起嘴巴，拼命吹。

　　呼呼！一口一口吹氣進去，灶坑裡的火苗越來越大，大到把木柴燒著了。

　　呼呼！越吹氣，木頭越燒紅，煙一直冒，冒到很濃很濃的時候，一把火，旺！燃燒起來了。

　　「灶火燒旺起來了。」

　　「這坑的灶火燒旺起來了。」

　　「火很旺哦！趕快再去撿大木頭，等一下丟幾塊大木頭進去。」

　　等燒紅了泥土塊，上面起灶的土塊，燒得紅透透，一灶一灶的焢窖慢慢地在上面戳出一個小洞，讓火紅的泥塊掉在坑內，拿一根長木頭，搗碎墊底。

　　「阿珠啊！要不要拿妳帶來的斑鳩鳥來烤呢？」

　　「湯姆！等我把鹽抹一抹，用芋頭葉包好，再放進去。」

　　「嗯！妳捉幾隻來呢？」

　　「我哥那邊有三隻，我這裡有兩隻。」

　　「那我們分成五個灶坑埋，最裡面先放地瓜進去，等一下這一粒放在旁邊，用幾塊透紅的泥塊，把它蓋住。」

　　「好了！」

　　「這邊再放幾粒大地瓜，不要相疊哦！否則會烤不熟的。」

　　「嗯！」

叛逆初期

「放平！好了，上面再放一層，這一層也要用燒紅透的泥塊墊底，再放幾條玉米進去，玉米的旁邊再放這隻斑鳩進去就好了。」

把上面的泥塊全部弄倒，拿木頭把大塊的搗一搗，有些沒蓋到的，棍子拿起來，把它抹平，腳站上去踏一踏，踏實一點就好了，等它熟了，再挖出來吃。

哇！這一灶終於弄好了。

「阿順啊！你們那邊弄好了沒？哈哈！好好玩哦！阿順和他弟弟弄得整張臉烏漆麻黑的，嘴角上還長出兩撇的鬍子呢！」

「阿順！你妹妹蹲在那裡挖泥土，要小心哦！不要把我們剛埋好的挖到哦！要不然被燙到，我們可不管呢！」

「咦！那邊也有好多大人在燒土窯呢！」

「大人站在風頭，一面抽煙，一面聊天，煙味把我們燻得頭昏腦脹，好討厭哦！」

站遠一點。

「走！我們再去撿地瓜。」

「好！」

掘啊掘！

「吔！有了，一條，好大一條呢！」

「這裡有一條地瓜藤冒出來，我來挖挖看！唉啾！」

　　拉出來是一條大地瓜呢！下面還有繼續拉，越拉越重。

　　「嗯！好像大條的。拿鐵耙來掘掘看。哇！是一大串啦！哇噻！真好運，掘到這麼一大串。」

　　「是他們沒撿到的，才讓我們撿到。」

　　「地瓜田的主人才不在意這些呢！他們這一大片的地瓜採收時，撿都撿不完了，還在意這幾條大地瓜被我們撿到。」

　　「你看整片田都是採收好的，裝成一大布袋，綁得好好的，立在田中，好像矮人陣一樣，站在那裡排隊站崗呢！」

　　「等一下牛車駛進來裝地瓜時，我們去幫他們把布袋推上他們的肩膀，讓大人扛上去牛車上，搞不好地瓜田的主人還會拿一大竹簍給我們呢！」

　　「好！我們去幫他們。」

　　牛車駛進來了。兩位大人各拎著布袋口，一、二、三，扛上肩膀，天財站在後面，一把幫他們推上去。

　　疊好，疊好。

　　牛車兩邊的木板各排一排，堆疊好之後，下面凹底也疊滿了，越疊越高。牛吃力的，使盡牛力拉著牛車，牛車重重地駛在泥土裡面，有一點陷進去，牛吃力地拉不動，前腳跨出一步，後腳腿像大力士扛鼎一樣，使勁地往前進，趕牛的人拿著棍子，拼命地打牛背。

噢！噢！呼聲越大，牛越使勁地拉，後面跟著一堆人在推牛車，所有看到的人全跑過來幫忙推牛車。牛雖然死命地在拉這輛重車，仍然不忘貪吃的本性，隨口咬一口地瓜藤在嘴裡咀嚼。

趕牛的人口中罵出：「愛吃的要死。」

唉呀！一棍又打下去，拉著繩子，一面催趕，一面把牛走路的方向弄好。他也怕牛走歪一邊，整輛牛車翻倒，那可不是好玩的。

地瓜田剛犁過，土質比較鬆軟，牛拉的很吃力，拉動了，總算可以平安地拖動了，等牛拉上牛車道路時，牛車上載得再重，牛也可以如履平地一樣，把載重的牛車拉回去了。

地瓜田豐收的景象，和採收芋頭田、稻田、甘蔗一樣都很熱鬧。

農家樂

　　站在田野欣賞這副景象，湯姆覺得很優美，尤其是人們忙碌完之後，那副閒適慵懶悠閒滿足的臉龐，發出來的笑聲，是知足的，快樂的，與天地合而為一。

　　泥土的芬芳，無染的心靈深處，一種樸實無華的快慰，了然於胸。

　　農家漢子為三餐，為家人，為土地所付出的一片赤誠，那是一種用滿足的感覺無法形容的，無論秋雨、春

叛逆初期

風、夏日、冬霜，這片大地涵養了他們的希望，灌溉了他們的將來，農家子弟看著世世代代的禾苗，從土裡冒出芽來，它鮮嫩脆弱的生命在寒風中滋長，它翠綠宛如寶石一般地在霜露中成長，它不怕風雨飄搖，仍然堅挺地屹立在陽光中，接受火熱的曝曬，隨著冬去春來，一代又一代，這樣生長著，它養育了大地上的人們千萬年。

自從有人類開始種植蔬果葉菜，土地一直陪伴著，陪伴著農家漢子，陪伴著這單純樸素的人們。

土地是這麼好，大地是這麼偉大，大地之母，它是人們依存的歸依處，人們怎能不善待它呢？

土地也會生病。土地生病的方法很多種，它可以一夕之間，被暴雨沖刷成水鄉澤國；它可以受熱煎熬成沙，變成沙漠；它可以經由火山灰，埋在地底下；它可以成爛泥巴；它可以變成荒地；它也可以由人們的無知噴灑化學肥毒藥，變成有毒的土壤。

它是可愛的大地，但是人們無知，不愛惜它，它將把千百萬年養育我們人類的希望，化成有毒物，反撲人們對它的傷害。

啊！大地呀大地！我們永遠是祢的子民，我們死後化成灰泥，埋入土地中與祢為伴，我們的血水終將成灰燼，伴隨祢左右。

夕陽黃昏，採收完地瓜田的人們，手拿著斗笠，搧一搨暑氣，蹲下來休息，高聲喊著：「阿順啊！基啊！湯姆！肯尼呀！你們的焢窰好了沒？」

小孩一窩蜂奔前跑後的，各個找到各人埋的焢土窰，拿起棍子，小心翼翼地挖呀挖，深怕一個不小心把地瓜挖爛似的。

看到了，看到一粒了。

「哇！熟了，熟了。」

挖出來，挖出來。

「慢慢拿，小心燙到手。」

「哇！真棒！好香哦！」

「來！這粒先給你。」

「哇！好燙哦！」

「哈哈哈！愛吃鬼，被燙到了。」

呼呼！一直吹氣，熱騰騰，一直冒煙。

又挖出來了。

「哇！好多哦！」

「這一窰有一粒高麗菜燜熟了，吃起來好脆好可口。葉子嫩嫩甜甜的。有誰要拿來包蕃薯、青椒一起吃？」

阿珠叫著：「湯姆！湯姆！你那一窰有沒有高麗菜？」

「有啊！我這裡也有一粒呀！很嫩呢！還有青椒、敏豆、四季豆、菜豆，用芋頭葉包起來，通通在焢

叛逆初期

窰裡燜熟了。」

「趕快拿來配斑鳩肉來吃。」

阿珠貪嘴，剝了幾片燜熟的嫩高麗菜葉，包著油滴滴的斑鳩肉，一口一口吃個不停。

「哇！好好吃哦！」

湯姆說高麗菜葉包著紫色地瓜泥，夾幾條敏豆、四季豆、菜豆，再撕一、兩片斑鳩肉放在裡面，吃起來真是香爽可口。

左手拿嫩高麗菜葉包，右手拿一根燜熟的玉米，一邊咬一口，吃得津津有味。

阿順、阿財、阿發、阿基、來好、來祝、來春、阿雲、阿華也爭相挖著焢窰，學著湯姆用高麗菜葉包餡來吃，個個讚不絕口。

「湯姆！讚！這是誰教你這麼吃的呀？」

「沒有啊！我們以前都是這樣焢窰的。你們沒有這樣吃過嗎？」

「焢窰，什麼菜都可以放進來啊！連竹筍也可以呢！可惜這次忘記放竹筍了。」

「這比在家裡炒的菜，還要香嫩可口，多汁美味呢！」

一夥人快快樂樂地，一面挖焢窰，一面吃東西。

阿珠蹲在焢窰旁，叫著：「哇！好幾條地瓜放在一起，上面那一層有一隻斑鳩，也有一隻土雞呢！」

「真的嗎？誰抓來的？」

「阿桃啦！」

「咦！不會是偷捉了吧？」

「哈哈哈！」

「趕快吃啦！亂說話。飯可以多吃，話不能亂說，會大舌頭的呢！」

「哈哈哈！」

一堆人幸福快樂滿足地吃焢土窯。

太陽已經跑到西邊回家去了，餘暉昏紅昏紅的。

遠遠看著天際的彩霞，吹著和暖的風，一天辛苦所流的汗水，是酸酸鹹鹹的，體汗乾了又溼，溼了又乾，捉起衣角擦一擦額頭。

汗流浹背，浸溼了這塊空間的人們。

笑聲會在同一個田地裡歡唱，笑聲會在明天的明天，好幾個明天，繼續在這裡歡笑。

這裡的人們有大人有小孩，大的會逐漸變老地走完人生，小的急著長大成人，大人忙著收成，照顧一家老小的溫飽，這是每一位大人心中所牽掛的。

田地上有幾位小嬰兒在那裡咿咿呀呀，玩著吃泥土的快感。

男人女人歡欣鼓舞地慶豐收，就連遠地來的原住民也感受到這一股溫暖，他們雖然不懂眼前這一堆人的生

叛逆初期

活習慣，但他們可以感受到這一堆人是溫和的，這一堆人是和善的，他們的善良和幾百年前他們的祖先，來開墾這片土地的時候，和原住民的先祖有沒有發生過戰鬥或械鬥？

他們也許知道，也許不知道，也許腳下這一塊田，曾經是他們祖先的，也說不定，但是現在，他們仍然很平和地站在一塊，為各自的生活努力。

一天將盡，小孩期待明天趕快來臨，小孩的夢有許多許多，需要用時間來編織。

湯姆很喜歡做夢，連白天日頭正熱的時候，也在做夢。

拔雜草

「媽媽！我要拔這邊的雜草。」

蹲在那拔仔樹下，用手拼命抓野草，一把一把拔起來除掉，媽媽蹲著移步，像螃蟹一樣。

媽媽不愛說話，靜靜地聽湯姆說阿茂叔帶他去北港朝天宮媽祖廟拜拜，和他女兒慧如一起吃麵線糊，還有蚵仔煎，到彰化八卦山看大佛祖，吃彰化肉圓的事。

「在西螺大橋下的溪底騎馬，好刺激哦！媽媽！您

叛逆初期

知道嗎？馬跑起來的速度像風馳電掣一樣，坐在馬背上，一上一下，抬頭挺胸，兩手握著繮繩，腳踏在馬鞍上的腳蹬，好像古代的將軍要去征戰一樣，好威風哦！媽媽！您有沒有騎過馬？」

笑一笑，手上抓著雜草，拔得沙沙沙，摔摔草根上的泥土，一把一把放到身後，又移步向前，推進，一下子拔了一大片的野草了。

湯姆跟媽媽分享這次上雲林探險的經歷，覺得很無趣。

湯姆每到一個陌生的地方，都會興奮異常。

全繁華、繁昌、繁隆、繁榮村的每個角落，他都踏遍了。

村裡每一條街道，每一間厝的屋瓦磚牆，長得什麼樣子，他都瞭若指掌。他熟悉這塊屬於他生長的地方，對這裡的環境，還有這裡的人們，他信任、放心，就是連黑夜森沈，他走在街上仍然不會感到恐懼，因為這是他生長的地方。

番仔寮村的人們個個溫和善良，他們出門會互相點頭招呼，問安道好，然後笑一笑。

騎著腳踏車下田去，遇到湯姆會叫：「啊！你是吳登號的兒子嘛！」

認人像在認自家親人一樣，庄頭生小孩還沒取名字，庄尾的人已經知道他叫阿尾，什麼時候生！媽媽是誰的女兒！孩子的爸爸是頭胎當爸爸。然後一夥人搖著扇子笑一笑，坐在曬穀場的大埕，彼此翹著二郎腿，坐在長板凳上，沒有一壺茶，沒有一塊點心，也可以聊得不亦樂乎。

「湯姆！湯姆！我們要回家了。」

跟媽媽走在一起，感覺好舒服，不會有壓力，只有感到一股暖流，流過心田，媽媽永遠是這樣子，慈祥寬容，即使湯姆犯了大錯，也只是看一看，不大聲責備，不像隆勝、阿源他們的媽媽，大聲小叫的，噼哩啪啦，念念念個不停，有時候湯姆還真擔心阿源有一天會捉狂瘋掉呢！

小孩會犯錯是正常的啊！哪有小孩不會犯錯的，整天正經八百的，像傻瓜一樣，那豈不是呆子嗎？

湯姆的頑皮老是被爸爸修理，但是媽媽還是一樣疼他，並不會因為爸爸的處罰而討厭他，反而會找機會幫湯姆解圍呢！湯姆知道媽媽是愛他的，所以他永遠有足夠的安全感、信心，雖然不會念書，考試老是鴨蛋，但那不表示湯姆笨，湯姆還是有許多事情可以做。

不管捉青蛙、釣魚、爬樹、趕牛、游泳、採地瓜、摘番石榴、挖竹筍、焢窯、放風箏，幫爸爸媽媽做家事，這些他統統會，只是愛玩，常常東跑西跑，跑得不見人影，玩過頭了，被爸爸捉來，又是一頓打，打過了之後，

叛逆初期

還是玩。

愛玩是孩子的本性嘛！不玩就不是小孩了。

湯姆他才不要像高雄的小弟，成天關在屋子裡，只能在他們家附近的水泥地上，玩那種摔跤遊戲，湯姆覺得那很野蠻。

為什麼人要學著把對方打倒，摔倒在地，制伏另外一個人？

學拳打腳踢的功夫，真無聊！又不是古代，需要有俠客。

幹嘛學摔跤？

還是在鄉下比較好，天天可以看到藍天白雲、大太陽、大武山、田野，四處綠油油的，空間廣大，視野開闊，溪水清澈，魚游蛙泳，蟲鳴鳥叫，晨昏清風徐徐地吹拂，多麼美好的鄉間景色呀！

「媽媽！媽媽！您看！紅甘蔗園有一條青蛇。您看！您看！好大一條青蛇哦！」

牠緩緩地爬在水溝旁，鑽進甘蔗園了。

「不要擾動牠，讓牠回到屬於牠的地方。」

「媽媽！牠會不會跑到墳墓那裡去呢！」

「可能吧！蛇鼠一窩就是這樣子，牠們喜歡住在墳墓裡。」

「媽媽！有一次我趕牛到墓仔埔，看到一個穴洞，裡面爬滿了蛇呢！」

「你不怕嗎？」

「才不怕呢！我又沒惹牠們，牠們就不會來咬我了呀！我怕牛受到驚嚇，趕快遠離那裡。

今天那位捉蛇的人，不曉得會不會來？他每次都從我們田裡經過，身上老是帶一根棍子，背一包東西，帶著布袋，四處搜尋蛇的踪跡。」

「捉蛇人家這樣也是討生活呢！我們信佛的人知道，這是前世因緣，上輩子他可能和蛇有淵源吧！殺生是不得已的，我們農家不靠這些六畜來貼補家用，光種些農作物，恐怕無法養活一家大小，這些牲畜出生在我們家，養活了牠，殺來吃，下輩子我們可能也要還牠們的。」

「喔！那我養的兔子，還有鴿子，可以不要殺牠們嗎？兔子很善良呢！只是牠們很會吃，害我天天拔地瓜葉餵牠們，吃得肥嘟嘟的。

哪天我真擔心被爸爸捉來宰殺了，到時候我一定會哭得淅瀝嘩啦的。那是我一手養大的，從很小很小隻的時候，我就養活牠們了。」

爸爸殺雞鴨鵝的狠勁，真可怕！

一刀從喉嚨割斷，血噴出來，頭一扭，斷掉了，摔在地上。

看雞鴨鵝攤在地上抽搐著身體，好可憐喔！

叛逆初期

為什麼要殺動物呢？

好好一隻動物在我們家，活潑亂跳的。

看母雞帶小雞，在厝旁剔泥土捉蟲的樣子，很可愛。

小雞一隻一隻躲在母雞的下面，一窩的小雞跟著母雞，四處探險，好奇心可不輸湯姆呢！

爸爸殺老鼠、雞、鴨、鵝的方法，看起來簡直可以用恐怖來形容。煮一鍋滾燙的熱水，放在鐵桶裡，裝六、七分滿，老鼠捉起來，狠狠地丟到鐵桶裡，可憐的老鼠活活生地被燙死了，真慘！

好殘忍呢！

護生靈

　　人類為什麼會有這麼大的兇性？難道沒有其他辦法可以改變人類兇狠的心性嗎？

　　聽說佛陀可以救度眾生，那為什麼眾生不讓佛陀來救助呢？

　　湯姆想一定有方法的，只是現在他還不知道，究竟要用什麼方法來告訴人類，不要養成殺生肉食的習慣，應該要和平相處，互相包容，相親相愛，化殺氣為祥氣，

叛逆初期

把一切的動物看成是自己的子女一般愛護牠們。

　　就像村子裡，有人養鴨，養鵝，早晚都帶著牠們去田野逛一逛，這對鴨子，還有那大笨鵝長大了，人家出價錢要跟她買，她說：「你們出多少高價錢，我也不會想要把牠們賣給你們去宰殺的。牠們雖然是牲畜，可牠們是通人性的呢！

　　我從牠們很小隻的時候，就開始養著牠們，別說有感情了，就只看到牠們早晚會跟著我撒嬌那副俏皮樣，就讓我感覺到牠們的行為動作，其實也跟人類一樣。」

　　我們越是去愛護這些牲畜，這些牲畜就會變成越想跟我們相處，狗子是對我們最忠心的動物，麻雀最小心眼了，可是你若固定在某個時段，固定的去餵食牠們，一段時間之後，小心眼的麻雀也會放下心防，安心的和你做朋友，甚至當你是自家人呢！

　　世上所有的動物都一樣，只要我們人類能夠跟牠們和平相處，就不會有爭鬥的現象發生了，就像佛陀在樹林裡打坐，所有的動物多能很安祥的跟在祂身邊一樣。因為那些動物可以感受到佛陀的慈悲，慈悲可以化解兇性，慈悲也可以化解怨恨。

　　像人猿泰山，他住在大森林裡，可以和大象、獅子、老虎、豹子做朋友，所有兇惡的動物，只要和人類生活一段時間，彼此的習性多能夠互相瞭解的話，就可以和睦共處的，所以人類也一樣，是最需要用教育來感化的一個族群，所以佛陀才會講那麼多經典，要來教化我們這些迷朦的人。

湯姆想到和媽媽去佛寺，聽法師講經說法，都會想起佛陀的故事，如果人類都能夠接受佛陀的教化的話，湯姆相信再頑劣的人類，心性一定可以改變得更柔軟，壞人的惡性聽到佛陀的三世因果的關係，做惡事一定會受惡報的。

就像湯姆他們一樣，不懂事，去偷拔人家種的紅甘蔗，吃得很開心，但是內心裡，卻是很不放心，老是疑神疑鬼的，深怕被人瞧見似的，這種內心的煎熬，也算是受惡報呢！

湯姆常常會有這種不自覺的心性，來告訴他，不能做壞事。

「可是等爸爸燉好老鼠肉，或是炒麻油薑片爆香老鼠肉的時候，只想著老鼠肉又香又甜，香嫩多汁，吃起來又過癮。殺老鼠那一幕，已經忘記老鼠的慘狀了。」

媽媽笑出來。

「湯姆！真愛幻想。」

「對呀！」

阿茂叔說人要常常想像，也要常常和自己對話，這也是自我成長的一部分，他說人也可以透過自我的教育，把人格特質培養成很高貴的性格，人的教育養成不

叛逆初期

一定要靠學校父母，有時候自己的培養，遠比父母學校來得實際。

他說歌仔戲演員大部分靠自己摸索成有用的劇團台柱，自我要求是成長必備的要件。

「我去他那裡，他也鼓勵我多做些想像及幻想，即使白天做白日夢，也無所謂。人能日常多想像及思考，幻想有助於人的成長，腦部常常有許多想像，人才會變得更聰明。

他說的話，和我在學校老師教的不一樣！但他講的道理比較明白簡單。」

阿茂叔說許多父母平常忙著工作，無暇照顧小孩，如果小孩有足夠的空間，任他們自由自在的活動，是很好的，不用太限制小孩的活動。

要小孩子變成什麼樣子，父母必須先做榜樣，不能因為要求小孩念書，而拼命的，一味地要求。很多父母根本不識字，自己都目不識丁了，還要要求小孩子讀書。

讀書也需要有讀書的環境。

至少父母多少要跟著一起陪伴小孩看看書，父母有在看書，小孩子自然會跟著一起念書了。

即使有些小孩不愛看書，那也不用勉強他們，終有一天，他們會找到他們有興趣的事，那時候他們自然會去學習了。

「媽媽！阿茂叔和我們家交往很久了，對不對？」

「是呀！他做生意越做越大，是個成功的商人，將來湯姆可以向他學習。」

「嗯！但是我現在只想找時間去恆春找阿國玩呢！」

「猴路澎！一天到晚只想到處趴趴走，才剛從雲林回來，又想去恆春玩。

我看你還是認真的跟隨媽媽，把田裡的那些雜草拔一拔，拔完了，再向你爸爸要求，會比較有機會喔！」

「噢！還要拔那麼多哦！」

拔仔園、瓠仔園、絲瓜園、竹筍田、甘蔗田、稻子田。

天啊！想到就怕，天天拔草，很累的呢！還要一大早起床，跟著爸爸去摘農作物。不工作的時候，是幸福的，想到一大堆做不完的農務，頭就昏沈沈的。

明天想辦法跟爸爸說，要去恆春找阿國。

「湯姆！把雞、鴨、鵝、火雞趕到畜欄，捉一把地瓜葉給你的兔子吃，順便去灶腳燒開水洗澡喔！」

「不能休息嗎？」

「再叫！等一下叫你來碾地瓜。」

跑掉了。

還是不要聽太多交代，否則工作會沒完沒了。

叛逆初期

臉紅心跳

艾莉絲

「湯姆！湯姆！老師來家庭訪問了。」

「天啊！艾莉絲、伊娃、安妮帶著老師來了。」

「老師！老師！」

湯姆躲在夏綠蒂她們家。

「湯姆！湯姆！老師來了。」

躲在門後，從縫隙看到艾莉絲，臉紅心跳，渾身緊張地發抖，還會皮皮銼呢！

奇怪！怎麼老是看到艾莉絲，整個人就昏頭轉向的，是不是偷偷的喜歡她呢？

這一定是喜歡她的心情，才會有這種反應。

湯姆很怕被別人看出來，每次遇到艾莉絲，都有一股莫名奇妙，一種不知不覺，就會想看她一眼，又怕被她知道。

這是喜歡她嗎？

四年級的時候，還沒有那麼強烈。

升上五年級開始，上課時間，老師在講堂上課，湯姆的思緒就飄到艾莉絲那邊去，想著想著，發呆似的，想到傻神、傻神的，連老師走到身邊了，還搞不清楚，老師拿著棍子，敲桌子。

叩叩叩！

「湯姆！你在想什麼？」

嚇一跳，趕快回過神來。

全班的同學都在笑。

湯姆很不好意思，臉羞答答的，深怕自己的心思被大家看透似的，挪一下椅子，坐著調整位子。

操場外面的太陽暖呼呼的，教室裡好陰暗，坐著坐著，又想打瞌睡了。

老師在講堂上講什麼，實在聽不懂，翻一翻課本，看老師講到哪一段了？

叛逆初期

聽老師一面講課，湯姆一面翻課本。

唉！到底是講到哪一段了？

找不到！

向旁邊的喬伊看一下，喬伊兩眼也一樣恍神恍神的，兩個眼皮也快闔起來了。

拿課本從背後敲他一下。

喬伊嚇一跳，轉頭東看看，西看看。老師沒叫他，一定又是湯姆在捉弄他的，瞪湯姆一眼，湯姆假裝沒看到。

喬伊轉頭對湯姆說：「下課小心一點！」

湯姆一副很無辜的樣子。

叮噹！叮噹！下課了。

「起立！敬禮！謝謝老師！」

哇！噼哩啪啦！同學一窩蜂地往外跑。

到操場曬曬太陽。

「湯姆！你剛剛幹嘛敲我？」

「沒有啊！」

「沒有嗎？明明就是你，還說沒有！」

「你有看到嗎？你有看到是我敲你嗎？」

喬伊捉著湯姆，兩個站在走廊上對壘。眼對眼，身對身，互站三、七步，你一言我一語的。

同學圍過來看熱鬧，越圍越多人。

「湯姆和喬伊又在打架了，我要報告老師。」

湯姆和喬伊兩個仍然不服氣，手扭著，頭從手臂下轉出來。

「你敢打我！」

「打你又怎樣？誰叫你敲我背部。」

湯姆一手撥回去，喬伊被打到臉，腫腫脹脹的。

喬伊有點不甘心，要捉湯姆的頭，互相拉扯了半天。

看熱鬧的同學要把他們拉開，一下子兩個又扭在一起。

大彼得出面，把其中一個拖開來。

嘴角流血了，兩個人臉上都有一點瘀青的傷痕。

叮噹！叮噹！

「老師來了，老師來了。」

「湯姆！喬伊！你們兩個又打架了，到外面罰站，一個站走廊，一個站教室後面。」

湯姆想到在學校是頑皮搗蛋的學生，艾莉絲是好學生，又會念書。全校的演講比賽，老師都會派她去參加。人家功課這麼好，品學兼優，怎麼可能會喜歡湯姆這種調皮搗蛋的學生嘛！

湯姆也知道啊！艾莉絲不可能喜歡他的，但是活見鬼，湯姆就是無法處理，要怎麼才能不去想艾莉絲？

這傢伙不知道怎麼搞的，讓人看到她，就有一種著迷的魔力，尤其是她的大眼睛瞪湯姆一眼，整個人都飛

叛逆初期

了，神魂顛倒了，魂不知道飛到哪兒去了。

明知道她不喜歡湯姆，但湯姆偶爾會無厘頭地去捉弄她，直到艾莉絲被湯姆弄哭了，才知道又闖禍了。

慘了！這下子她又要叫她爸爸來學校告狀了。

哭哭哭！一路哭回家，帶著爸爸出現在教室，和老師嘀咕嘀咕個不停，不知道講些什麼。

湯姆七上八下的，渾身感到不舒服，一種莫名的恐懼侵襲心頭。

天啊！會不會又惹出大麻煩了？

我只是喜歡她，跟她逗著玩而已，幹嘛大驚小怪的，真討厭！怎麼會這樣？喜歡她也有罪呢！

「湯姆！」

「有！」

「來老師這裡！」

「喔！」

「背對大家，罰你面壁，讓你想一想，為什麼又把艾莉絲弄哭了？」

淫臭腥

　　這傢伙今天帶老師來家庭訪問，一副很得意的樣子，不過看起來笑嘻嘻的，還是滿喜歡她的。

　　「不知道有沒有去我家？我爸媽不在啊！他們全都下田了。」

　　湯姆想，還好今天他不在家，跑來找夏綠蒂玩。

　　奇怪！和夏綠蒂在一起感覺很自然，不會有頭昏昏沈沈，心跳得小鹿亂撞那種感覺。

叛逆初期

夏綠蒂也是好學生，功課也很棒，和湯姆是鄰居，而且是好朋友。夏綠蒂的媽媽常常看到湯姆，就對人家說這個湯姆小時候常常和夏綠蒂爭著吸她的奶，小湯姆是吸她的奶長大的，也許是這樣，湯姆對夏綠蒂有一種很特別的感情。

只是湯姆和許多女生交往，誰都不怕，就怕艾莉絲，對她總是感覺好神秘，又有某種吸引力，這種感覺困擾著湯姆，耗掉許多精神。只要去上學，遇到她，這種困擾會加重的，加重到連走過她們家附近，即使沒看到她，仍然會感到很困惑，困惑到不知不覺，希望能在她家附近遇到她，然後很自然的，跟她打招呼。

「嗨！艾莉絲！妳近來可好？」

這麼簡單而已，簡單到像去夏綠蒂她家，可以很隨興地坐下來，和她天南地北的，聊個沒完沒了，也可以坐在一起，一起寫功課，這樣多好！

為什麼碰到艾莉絲會這麼不自然呢？

人家說小孩子哪懂得什麼叫愛？那麼小，怎麼可能知道什麼叫愛嘛！可是湯姆偏偏就有這種困擾，而這種困擾又不敢讓人家知道。

有幾次湯姆和媽媽睡在一起，夢醒之後，褲子溼溼的，好臭哦！湯姆知道這不是尿床，因為尿床不會有快感，尿床也不會有這種又腥又臭的味道。

這種感覺深怕讓媽媽聞到。

每次媽媽要幫湯姆折棉被的時候，湯姆會很生氣地叫：「媽媽！不要拉了，我自己來啦！您走開！您走開！我不要您幫我折棉被。」

媽媽會一臉無辜的，悻悻然離去。

湯姆一直和媽媽睡在一起，睡在媽媽身邊，感到很溫暖。躺在媽媽胖胖的身體旁，湯姆晚上翹著腳。跨在媽媽身上，很舒服。冬天，媽媽會像老母雞一樣，把兩腿夾著湯姆一起進入夢鄉。

最近湯姆常常會褲子溼溼的，有時候三更半夜還會夢見艾莉絲。今天早上起床又溼了一片了，味道又臭又腥。

真糟糕！

傷腦筋！

怎麼辦？別人會不會有這種情形呢？

不曉得湯尼、肯尼、魯比會不會發生這種事？

要怎麼開口和人家討論這種事？

跟人家說我睡醒，褲子溼溼的，一定會被笑死。

像艾德華在教室上課，放一個臭屁，全班受不了，一個個往外逃，連老師也捏著鼻子，掃興地走出教室。只有那個放屁的傢伙，不動如山，得意洋洋，笑開懷。他那種笑起來的樣子，真的很邪門。好像他很了不起，放一個臭屁，全班逃光光，看大夥兒像在逃命一樣，那

叛逆初期

種狼狽像，他竟然沒有一點羞恥心。從此以後，大家看到艾德華，都叫他臭屁華。有時候走到他身邊，都會覺得這傢伙好噁心哦！離他遠一點。

湯姆想到這裡，全身起雞皮疙瘩。

天啊！萬一讓同學知道自己褲子溼了一片，而且還是做夢，夢到這樣，那豈不是像豬哥嗎？

被叫豬哥是很色的吔！

傷腦筋！還是隱藏起來好。這個秘密不能給人家知道，即使是媽媽也不可以讓她知道。這種味道這麼辣，難道媽媽不會聞到嗎？

真討厭！

媽媽要是在房間時，湯姆會死命地拉著棉被，蓋住身子，然後叫媽媽趕快離開，這種情形最近常常發生。

每過一段日子，就會有這種尷尬的場面。

今天又在這裡遇到艾莉絲，其實心情是很興奮的，又害羞，不知道怎麼辦才好？還好夏綠蒂的爸媽也不在，老師可能很快就離開了。

「湯姆！老師要走了哦！我們知道你躲在門後。」

天啊！這是艾莉絲說的話吔！

是不是她知道我很喜歡她，故意說給我聽。

從門縫裡，看到老師他們離開，艾莉絲又回頭往這裡瞧過來。湯姆眼睛看著她，魂魄已經飄到雲外了。

看到了！看到了！她一定也有看到湯姆。

哇！好棒哦！真美！這種感覺真好。

她終於會正眼看湯姆了，而且臉上還帶著滿足、寬慰、自然甜美的神態，不像以前湯姆捉弄她的時候，一臉驚恐，好像碰到凶神惡煞一樣，常常把湯姆搞得烏煙瘴氣的，一副自討沒趣的樣子，又像個討厭鬼的傢伙，簡直把湯姆看成是混蛋了。這和他的原意是相違背的，是喜歡她，反而弄得適得其反，常常搞得灰頭土臉的。還好班上的同學看不出來，湯姆喜歡的對象是艾莉絲。他們一定以為湯姆是頑皮，喜歡捉弄女生，才會搞怪的。

坐在後面的那些大巫婆，個子一個比一個高大，湯姆常常不知趣的去招惹她們，而被追著一路打到頭昏眼花，兩眼冒金星，抱頭鼠竄。不長眼，個頭小小的，玩玩也就算了。

後面的大巫婆也敢招惹？算你倒楣！

湯姆被一路追打，落難的樣子，好像野狗夾著尾巴，哎哎叫！逃跑了。

後面的同學笑，那一大票的大巫婆笑得更得意。

「夏綠蒂！老師剛剛來家庭訪問，有說些什麼嗎？」

「沒有呀！看我在寫功課，摸摸我的頭，問我爸媽在不在？我說不在，去下田了，老師他們就離開了呀！」

「哦！還好我躲得快，要不然被問到，我倒是不知

叛逆初期

道該怎麼應付了？夏綠蒂！等一下妳要煮飯嗎？」

「要啊！」

「那我回家拿大芋頭烤來吃。」

大芋頭用香蕉葉子包著，在炭火裡燜烤，很好吃哦！

「順便烤地瓜好了。」

「嗯！」

「很好吃，對不對？」

「嗯！」

「芋頭很鬆，和地瓜攪和在一塊吃，味道更棒。我家裡還有種子，妳要不要種？種在陽光下，它有雨水的時候，長得很快哦！植物種下去，剛冒芽的時候，很好看，好像新生命在眼前，向你展示喜悅一樣。妳有沒有這種感覺呢？」

夏綠蒂只知道做功課，要不然就是乖乖的待在家裡，那兒也不去，不像她妹妹一天到晚到處跑，她交的朋友可不會輸給湯姆呢！

夏綠蒂有兩位妹妹，一位弟弟。

弟弟常常少不更事，跟著二姐跑，二姐跑去哪，他就跟去哪。

三姐有點傻大姐，傻大姐的樣子，對人沒有距離，誰疼她，她就跟誰好，也不太會撒嬌，成天跟著二姐、小弟，個性和夏綠蒂不一樣。

　　湯姆來找夏綠蒂，夏綠蒂常常靜靜地聽湯姆講到處玩，到處冒險的故事給她聽，她聽得津津有味，但也僅僅如此而已。她還是靜靜地坐著，待在家裡，東摸摸，西摸摸。她爸媽不會要求她們家的小孩下田工作，夏綠蒂只要負責把飯菜煮熟，等爸媽回來有得吃就好。

小菜園

　　湯姆也喜歡燒菜煮飯，更喜歡種植一些自己喜歡吃的蔬菜水果。常常把田裡的泥土挖回來，放在家裡的空地或大埕，用磚頭堆高，再用布袋圍住，裝滿泥土，種兩棵蕃茄、兩棵茄子、一棵九層塔、一棵青椒、一棵紅色甜椒。這些植物很容易生長，只要把水份照顧好，不要太乾燥，也不要澆水澆得太溼，一般它們都很容易活的，而且果實會長得很快又飽滿。

高雄的表弟和姨丈來玩，看到湯姆把他的小菜園照顧得這麼好，也想學著種。姨丈說他們家是公寓，只有陽台，空間不夠，沒地方種。

有一次湯姆去他們家玩，跑到頂樓，忽然間想起：「阿祥！阿祥！你不是想要種東西嗎？」

「嗯！爸爸說沒地方啊！」

「有呀！我找到了。你們頂樓空間很大，我們去挖泥土，一桶一桶的提上來。」

「哇！好重哦！」

「泥土放在大桶子裡，以後阿姨煮飯燒菜時，洗完的菜葉，你不要丟掉，留下來堆肥，一層放泥土，一層放葉子，等它們爛了，就會有養份種東西，很好玩哦！你天天觀察它的生長情形，會很期待它長得快。從撒幾粒種子，開始看它發芽到移植，或是買現成的菜苗來種都可以。當你種好這些植物，看它們一天一天成長，從兩片葉子、四片葉子，直到根莖長大粗壯，慢慢地看它開花結果，那種心情是一大期待，天天等待。每天下課的時候，心情會很愉快的快跑回家，期待趕快來澆水，看看這些植物長得好不好？只要它們沒有枯死掉，看到綠色的植物在自己一點一滴的照顧之下成長，生長成翠綠色茂密的葉子底下，結成一粒一粒的番茄或一條一條的茄子，那種心情是很興奮的，會想要找好同學一起來

叛逆初期

分享。如果泥土夠多的話，我也會種幾把茼蒿、高麗菜。」

　　阿祥可能是住在都市，比較沒有耐性看植物生長，種幾次失敗之後，就不感興趣了。他和姨丈、阿姨來鄉下湯姆家玩，看到湯姆養的寵物那麼多，真羨慕！

　　鴿子、兔子、文鳥（十姊妹）、青蛙、錦魚、泥鰍、土虱、雷魚、鱸鰻、鱔魚、小小的大肚魚，一大群的把大水井變成生態區了，爸媽農忙完之後，回到家裡要煮飯之前，都會坐在水井邊觀賞湯姆養的魚群。

　　媽媽說：「家裡有這些動物，及一些花花草草、魚鴨鵝雞狗的，天上飛的，水中游的，路上走的，我們湯姆統統有了，這樣的生活才叫做富有，人生倒不見得，要有多少的金錢才稱為富貴，富貴是在知足常樂當中去實際享受生活的樂趣，這才叫做富貴。」

　　爸爸媽媽去田裡種植作物，雖然很辛苦，整天曝曬在大太陽底下揮汗如雨，但也都能知足的享受這片刻的寧靜，欣賞著家裡大大小小，那天上飛的禽類，水中游的魚蛙鰻鱔。

　　湯姆最得意的還有一隻死忠的庫洛。

　　吹個口哨，庫洛跑得像什麼似的，站在湯姆身邊，前後跳躍，搖搖尾巴，張著大嘴巴，一直吐舌頭，丟一根木頭到很遠的地方，庫洛飛奔地接住，咬回來交給湯姆，湯姆用這種方法訓練牠。過一段時間，帶牠去田裡狩獵，在田野看到會動的動物，庫洛就把牠咬回來，交給湯姆。

庫洛第一次游泳的時候，很可愛。湯姆帶牠去大圳游泳，由於沒有下過水，不太敢跳進大圳。湯姆不管牠，自顧自的跳進大圳裡游泳。庫洛在大圳上面追著跑，兩個眼神好像小孩被大人拋棄似的，一臉哀求的樣子，前爪一直嘗試想跳下來，又不敢跳下來，眼看著湯姆飄浮在水中，隨著流水遠去，庫洛顧不得那麼多了，一躍而下，跳進大圳，一路跟著湯姆游在大圳裡，隨著強大的水流，飄浮在水面，庫洛也學會游泳了，狗爬式，四條腿在水中抓呀抓，好像學到游泳的技巧似的。從此，庫洛就很喜歡跟湯姆去游泳。

阿祥放暑假來鄉下找湯姆，看到大圳的水流量那麼大，整個人簡直嚇呆了。

「湯姆！你常來游這種大圳嗎？」

「對呀！二姨的阿瑞也來看過呢！」

「阿瑞有下去游嗎？」

「別傻了！他跟你一樣，看到這麼大的水流，已經嚇傻了。我也帶他去過三地門哦！那裡的瀑布水流更急，水的漩渦更大，看我跳下去游泳時，他嚇呆了，後來看到更多當地的小孩及原住民小朋友，一個個噗咚噗咚跳下去游，才引起他一陣的興趣，脫下服裝在岸邊玩玩水，想叫他游到水潭中間，他可是怕得不得了。我看

叛逆初期

算了，還是在岸邊泡泡水就好了，萬一他不會游泳，溺斃了，那更慘。」

「湯姆！你家裡的菜園照顧得那麼好，有機會上來高雄，來我家，幫我把頂樓的菜圃照顧好，可以嗎？」

「好呀！只要爸爸有帶我去高雄玩，再幫你把菜圃種好。現在我們田裡的大黃豆田及紅豆、花豆、綠豆田採收完，爸爸已經在這些田地上，犁開泥土，弄成一條條地壠，上面種很多蔬菜哦！我帶你去看。」

整塊的高麗菜田，種苗剛種下時，小小一顆，有些缺少水份，看起來乾乾瘦瘦的，栽種進去泥土裡，澆澆水，過兩、三天至一個星期，這些菜苗全都活過來了。

你會看到大地賜予生命的力量，有多神奇。

眼前一片翠綠，綠油油的小種苗，正在迎向陽光，迎向風，迎向早晨的露珠，吸收那一點一滴的養份，正在大自然中孕育成長。花椰菜田、胡蘿蔔菜田、大菠菜田、青椒、豌豆，一塊田，一塊田，連接著，走在田中看過去，全是綠油油的一片，迎風搖曳的菜田，遠遠地連到天邊，直到大武山下。

看著山頭，太陽從大武山頂爬上來，從西方的高雄平原落下。

務農族

　　屏東的農家子弟，世世代代，便在這樣的環境中，和這些土地、這些泥土，世世代代的種植五穀作物，從春天做到夏天、秋冬，過了一年又一年，年復一年，一年四季，辛苦地勞務，但他們總是甘之如飴，視為享受。

　　農家子弟若沒有了田，那他的生命好像失去了靈魂一樣，若失去田地，那他就像失去了依靠的歸屬感一樣。土地也像這些花果蔬菜作物，它們都需要人們的疼

叛逆初期

惜，它們才會生長得健康苗壯。

植物和人一樣，它們也有生命。它們白天、黑夜可能彼此也會對話，它們可能也會比較，像人類一樣，比較誰比較疼它、愛它。只要活在世界上，能見到的東西，相信都有生命，湯姆深信不疑。

天地萬物一定有某一種神秘不可知的力量，在這大自然裡運轉。

天有不測風雲，看夏天雷雨轟隆轟隆地響個不停，站在空曠的田野，看到遠遠的大武山，一朵朵烏雲，一大片，一大片，從天空中籠罩下來，一瞬間而已，風雲變色。

一團一團的黑雲，鋪天蓋地的，把天空、大地遮掩得彷如黑夜。風吹雨淋，淅瀝嘩啦地，一陣嗶嗶啵啵，一直下個不停。雨水打在臉上，浸溼了衣裳，抓抓衣領，縮著頭，扛著鋤頭，仍然在風雨中掘土挖溝，堵水道。

風雨下得再大，仍然不忘照顧這些幼苗。

田裡的幼苗怕水淹，大雨一直下，淹到種苗，會腐爛掉。不管風雨天，下了多大的雨，吹了多大的風，降了多大的霜，這些稼禾苗只要用心，好好照顧它們，總有一天它們會成長苗壯。

等雨過天晴，陰霾不再，這些植物會欣欣向榮的迎向燦爛的陽光微笑。

　　它們會在陽光空氣中迎風搖曳，展現它們最美麗、最青翠、最肥嫩的面目，來回饋農人。

　　農人的肩膀扛著鋤頭，赤腳踏在田中，看著四季的替換，看盡生物種子生生死死，在農田裡替轉。

　　看蝌蚪變成青蛙，小魚苗變成大魚，在水中游來游去，還有田螺、蛤仔、蚯蚓、鱸鰻、鱔魚、泥鰍、土虱、大肚魚。

　　看烏秋、斑鳩、青笛仔、白頭翁在天空中飛，吱吱喳喳，跟麻雀一樣的吵嚷，牠們揮動翅膀，噼噼啪啪，一群一群飛東飛西的，把天空點綴得宛如一幅美麗的圖畫。

　　大自然的變化實在很大，要崇敬大自然，要取法大自然，不能太自負的對待這個人生。

　　阿祥莫名其妙地走在雜草堆中，腳下踏得全是泥土地，一雙漂亮乾淨的鞋子弄髒了，捨不得和湯姆走在田野中跳躍。

　　這些綠色植物對一個都市小孩來講，他看不出有什麼特別，他和湯姆不一樣。他的好奇心只在公寓大廈那一片小小的天空中；他的視野只在家門前的車水馬龍車陣當中，他聽慣了車聲隆隆。他看不到天色的變化；看不到風雨將至，那份磅礡氣勢；看不到大雨滂沱，打在臉上，打在身上，讓雨滴涓涓不停歇，一直打在身體的那種感覺；他聞不到泥土的芬芳，聞不到這些植物吐出

叛逆初期

來的氣味。

此時此刻，阿祥只想趕快逃離這個討厭的地方。他抿著嘴，叫：「湯姆！我們回去了，我不要種菜了，站在這裡，好難受哦！還是回屋子比較舒適。你看！我的手腳被雜草弄得紅一塊，紫一塊，全身也癢得很呢！」

湯姆一臉疑惑地，感到不可思議，想帶表弟來感受一下這麼難得的體驗，他竟然毫無興趣要來接觸大自然。

湯姆以為帶表弟來看這些綠油油的植物，他會感到新奇又興奮。還有好多好多新奇的事物，想要帶他一塊來探索。像翻開水溝中的石頭，裡面有泥鰍、鱔魚、鰻魚、青蛙、小大肚魚、本金魚、吳郭魚，爬上水溝兩邊的堤防，長滿了過貓（過溝菜蕨）、黑甜仔（龍葵）、刺莧。

水邊的樹欉會有鳥窩。鳥巢中可能有小鳥光禿禿的，在那兒張大嘴巴，吱吱叫，拍拍牠那幼嫩的翅膀。看牠那未睜開的眼睛，惹人憐惜。許多動物剛出生時，眼睛都還未睜開來。

這些新鮮的事兒，都市裡的阿瑞、阿祥他們全不感興趣，真遺憾！

他們只想著穿漂亮的衣服、乾淨的鞋子，每天坐在水泥地看那小小的天空，連圖書館有的知識，他們也懶得去翻閱，成天做一些和湯姆不一樣的幻想。

這些大自然的現象，對他們來講，好像很愚蠢。

「看這些鳥獸有什麼希罕？到鳥店、寵物店裡看，不就得了！」

「魚、青蛙、蛤仔、鱔魚、泥鰍，到市場裡買，就一堆了。幹嘛看魚在水中游啊？真無聊！」

博毓學園出版

五穀豐登莊稼居，

穀倉滿溢木高長，禾苗映田人幸福。

護生復蔬博毓園，

森林綠地自腐朽，生態堆肥循環生。

博毓學園網址：http://tomu18.webnode.tw

吳明博共生農業：http://coco00.webnode.tw

E-mail：869548@gmail.com

吳睿保（吳明博・穀禾田・穀莊稼・穀恬憫）

穀莊稼共生農業森林農園：20140129.blogspot.com

穀禾田屏東的小湯姆：20140214.blogspot.com

穀恬憫歡喜法音流：20140402.blogspot.com

少年兒童讀本－屏東的小湯姆系列七本

①過冬青蛙②水瀑布牆③迎神賽會④米仔麩糕⑤叛逆初期⑥姨丈來訪⑦檳榔說客（電子書、紙本書皆有）

醒世幽默小說－法拍屋風暴系列

①法拍屋風暴②投資客的賺錢術（電子書、紙本書皆有）（尚未出版）③④法拍屋 100 案例上下⑤法拍屋，從二十萬賺進二千萬⑥法拍屋投資客也會套牢

三個十年救地球－共生農業系列

①共生農業森林耕種免費圖文書1～6冊（出版電子書）②共生農業開講1～4冊（出版電子書、紙本書）③居家生態小農園（出版紙本書）

人生哲學－歡喜法音流系列

①生命的體悟（出版電子書）②生死關頭（部落格連載）

以上書系將陸續完成，另有新書系創作中，敬請期待！將不定期舉辦法拍屋、共生農業講座；並固定每月第 1 週週一開放居家生態小農園參觀，請事先預約，歡迎支持共生農業，謝謝！

羅慧茹（和毓‧喜鵲）

花茁集：245784.blogspot.com

親子創意書房－國語文教學設計系列

①作文教學②兒童劇教學③讀經教學④書法教學⑤演說教學⑥採編教學

小說創作－

①空白

生命故事書－花茁集系列

①夢裡浮沈②生病也可以幸福③夢中呼喚④幸福之路

以上書系的電子書於谷歌、飽讀電子書店，紙本書於亞馬遜網路書店販售，並持續創作中！

叛逆初期

屏東的小湯姆五

作　　　者／榖禾田
編　　　輯／羅慧茹
出　版　者／博毓學園吳睿保
高雄市大樹區興田里興田路 50 號
網址：http://tomu18.webnode.tw
電子信箱：869548@gmail.com
訂購專線：0963-937-541
劃撥帳號：42321225／戶名：吳睿保
2015 年 5 月　初版
ISBN：978-986-91790-6-5

www.ingramcontent.com/pod-product-compliance
Lightning Source LLC
Chambersburg PA
CBHW071206130726

47998CB00002B/637